complete

Leisure and Tourism

Gill Beckett

Á toi and *Grammaire* sections: **Pam Dewey**
Series consultant: Richard Marsden
(Chair of Examiners in GCSE)

www.heinemann.co.uk
✓ Free online support
✓ Useful weblinks
✓ 24 hour online ordering

01865 888058

Heinemann
Inspiring generations

Heinemann Educational Publishers
Halley Court, Jordan Hill, Oxford OX2 8EJ
Part of Harcourt Education

Heinemann is the registered trademark of
Harcourt Education Limited

© Harcourt Education Limited, 2006

First published 2006

10 09 08 07 06
10 9 8 7 6 5 4 3 2 1

British Library Cataloguing in Publication Data is available
from the British Library on request.

10-digit ISBN: 0 435717 82 0
13-digit ISBN: 978 0 435717 82 7

Publisher: Trevor Stevens
Development Editor: Tracy Traynor
Editor: Charonne Prosser
Managing Editor: Deborah Manning
Designed by Ken Vail
Typeset by Kamae Design
Produced by Kamae Design

Original illustrations © Harcourt Education Limited, 2006

Illustrated by Clive Goodyer, Graham Cameron Illustration (Pip Sampson), Illustration Limited (Paul Daviz, Keith Robinson,
Matthew Robson), Sylvie Poggio Artists Agency (Humberto Blanco, Sebastian Burnett), Bill Piggins.

Cover design by Tony Richardson, Wooden Ark

Printed by CPI Bath

Cover photo: © Getty Images

Photo Research by Liz Savery & Chrissie Martin

Acknowledgements
Every effort has been made to contact copyright holders of material reproduced in this book. Any omissions will be rectified in
subsequent printings if notice is given to the publishers.

To Nick Eade, freelance photographer for photographs of Jonathan and Rachel Beckett.

Photographs were provided by:

Action Plus/Chris Barry p45(e)/Neale Haynes p39 centre left; Alamy Images p131/Rubens Abboud pp110 right, 111 bottom,
114/Peter Adams Photography pp72(b), 121 bottom/Aflo Foto Agency p46 right/brand X Pictures p17(5)/Robert Harding Picture
Library Ltd pp72(d), 120/ImageSource pp45(b), 46 left/Eddie Linssen p127 right/Stockfolio p112 centre left/Superstock p127 left;
Bananastock p79 centre; Gill Beckett pp83, 158 centre; Bluewater/Brave PR p73; Comstock p42(4); Corbis pp9 left, 17(6), bottom
left, 15 top right, 18 bottom right, 19 top right, bottom left, 39 top right, 46 bottom, 66(a), bottom right, 66(f), 68, 72(g)/Nik
Wheeler, pp78 left, 111 top/Richard T. Nowitz pp116, 141 bottom left, top right, 144 centre, bottom/Owen Franken, pp153
bottom right, 165; Creatas p78 centre left; Guillaume Dargaud p61 centre left; Digital Vision pp3 top, 4 bottom, 15 top left, 27,
50 top left, top centre, bottom centre, 52, 122, 138 bottom, 155 left; Eyewire pp85, 134 bottom, 138 centre right; EMPICS pp110
left, 136; Getty Images/PhotoDisc pp3 bottom, 4 top, 9 right, 15, bottom right, 17(1,3,4), 18 top left, bottom left, 19 top left,
bottom right, 23, 32, 36, 37, 38, 39 bottom left, 40 left, centre, 42(2, 10,12), 44, 45(a,c,d), 51, 53, 58 right, 59 bottom, 61 centre
right, 66(b), 67 top right, 72(f), 78 right, 79 bottom right, 81 right, 84, 85, 87 bottom, 88 right, 100, 112 centre, 117, 121 centre,
126, 134, 138 top, 140, 141 top left, bottom right, 144 top, 155 right, 158 top, 166 top/Photonica p42(1)/Ben Radford p145 left;
Grand Canyon National Park p59 top; James Gray p66(a bottom left); Harcourt Education Ltd/Steve Benbow pp39 top left, 64(3)/
Gareth Boden p15 bottom left/Philip Bratt p72(e)/Debbie Rowe pp72(c), 131 top/Jules Selmes pp9 centre, 10, 11, 17(2), 22, 26, 50
top right, bottom left, 54, 55, 56, 57, 58 left, 61, 64(1,2,5), 65, 67 top left, centre, bottom left, bottom right, 69, 70, 74, 79 left,
top right, bottom, 81 top, centre, 86, 87 top, 88 top, left, 89, 92, 93, 94, 95, 96, 98, 101, 103, 124, 125, 148, 150/Martin Sookias
pp64(4), 106, 121 right; Tudor Photography p158; Images of France p75; iStockPhoto.com/Galina Barskaya p153 top left/Dirk
Freder pp17 bottom centre, 81 left/Andy Hill p42(11)/Chris Inch p66(c)/Christian Kretz p17 bottom right/Denisa Moorehouse
p42(5)/Tim Osborne p16/Kevin Russ p18 top right; KPT Power Photos pp40 right, 42(3), 42(9), 157; photos.com pp42(6), 78 centre
right, 84, 112 right; Rex Features/Richard Gardner pp42(8)/Sipa Press p145 right/Olivier Ravenel p121 left, 123; Times Newspapers
p50 bottom right; SuperStock pp42(7), 66(a top right), 72(a), 108, 112 left, 127 bottom, 135, 142; Tracy Traynor p138 centre left.

Table des matières

Introduction

What is *Contexte*?

Contexte is a series specially designed to prepare you for the GCSE in Applied French. It is a lively and accessible way into using French in a work context.

How does *Contexte* work?

Contexte: Leisure and Tourism focuses on the French you need to work in the leisure/tourism sector, both in France and in the UK. It will give you an idea of the range of opportunities available to you when you speak French, covering jobs in holiday centres, tourist offices and bars as well as ski resorts, cybercafés and theme parks.

What do I do?

The course consists of 10 modules, each focusing on a different leisure/tourism topic. Each module is structured as five two-page units, to break down the information into manageable and accessible sections. You start each module by working through these units. This will give you the key language you need for the topic.

The objectives for each unit are listed at the start. These tell you what you will be able to do when you have completed the unit.

Some of the language you need for GCSE may be familiar to you already. *Contexte* revises the relevant language you covered in earlier years as well as introducing the new vocabulary you need for leisure and tourism situations.

Each unit contains activities to practise all four skills:

- **listening** – to practise understanding spoken French in a variety of different contexts

- **speaking** – to practise communicating with French speakers both at home and abroad

- **reading** – to practise understanding a wide range of texts in French, such as e-mails, letters and faxes

- **writing** – to practise producing your own texts in clear and accurate French

The activities are designed not only to improve and test your French but also to help you develop useful techniques and strategies for approaching more difficult texts or for coping when faced with language you don't know.

Exercise instructions are in French (as they will be in the exam), but any difficult words are also given in English. A full list of the French instructions with English translations is given on p. 192.

And for extra practice?

After the five main units there are two sections specifically designed to prepare you for two important parts of the exam: the *speaking interaction* (À l'oral) and the *written coursework* (À l'écrit). These sections give you the support you need to work more independently and effectively. They contain:

- exercises to practise the type of questions you will encounter in the exam

- tips on how to prepare for these questions and how to improve your marks

The *À toi* section at the back of the book provides two pages of additional *reading* and *writing* activities for each module.

And if I need extra help ... ?

Contexte: Leisure and Tourism also contains the following support materials:

- Grammar is covered as and when it will help you learn the language you need. It does this through **en contexte** boxes in the main units. These give short summaries with sentences to illustrate each point. They also contain cross-references to the grammar section, where you can find out about the topic in more detail.

- Tip boxes throughout the course give advice on developing strategies for learning and for approaching the exam.

- The **Grammaire** section at the end of the book gives more detailed grammar coverage, using lots of examples from the leisure and tourism sector.

- The **Mots** section at the end of each module summarises all the key language of the module to help you learn and revise vocabulary topic by topic.

- The **Vocabulaire** section at the end of the book provides a comprehensive listing (in both French–English and English–French) of the language covered in the course. You can use this for reference throughout the course.

➤ Welcoming guests to the holiday centre

➤ The use of the **vous** form

Bienvenue!

1 *Lire* Qu'est-ce qu'il y a au centre de vacances? Trouve le bon mot pour chaque image.

Exemple: 1 Il y a une piscine.

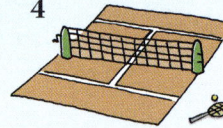

il y a

une piscine	un terrain de jeux	un bar
une laverie	une salle de sport	des courts de tennis
des magasins	une plage	un café Internet
un restaurant		

Remember **il y a** can mean 'there is' or 'there are'.

Il y a un restaurant. – There is a restaurant.

Il y a des magasins. – There are some shops.

2 *Écouter* Écoute et vérifie tes réponses.

3 *Écouter* À la réception. Écoute la conversation et remplis les blancs.

Bonjour, monsieur! **(1)** <u>Bienvenue</u> au centre de vacances de la Plage.

(2) _____ , mademoiselle. Qu'est-ce qu'il y a au centre de vacances?

Il y a **(3)** _____ , des magasins et **(4)** _____ .

Vous avez **(5)** _____?

Oui et il y a aussi une salle de sport, avec une piscine, et vous pouvez jouer au foot sur **(6)** _____

Qu'est-ce qu'il y a pour les **(7)** _____?

Nous avons **(8)** _____ et pour les teenagers **(9)** _____ .

Merci beaucoup.

Je vous en prie.

enfants
un restaurant
bienvenue
un café Internet
bonjour
le terrain de sport
un terrain de jeux
des courts de tennis
un bar

4 *Lire* Relis la conversation et trouve les phrases en français.

1 Welcome to the holiday centre

2 Do you have …?

3 There is/There are …

4 What is there at the holiday centre?

5 What is there for children?

6 We have …

7 Also

8 Not at all

en contexte

Grammaire 1.6

In a formal context (in business or talking to people you don't know), use **vous** not **tu**. Most **vous** forms end in **-ez**.

Vous avez des courts de tennis?

Vous pouvez jouer au foot.

5 *Parler* À deux. Tu travailles à la réception d'un de ces centres de vacances. Ton/Ta partenaire est le/la client(e). Prépare des conversations, comme la conversation dans l'exercice 3.

centre de vacances de Bretagne

centre de vacances de la Plage

6 *Lire* Lis le dépliant (*leaflet*) et réponds aux questions en anglais.

1 When does the holiday village open?

2 What water sports are available?

3 Give two details about the swimming pool.

4 What shopping facilities are there and when are the shops open?

5 What facilities do the chalets have?

Venez cette année au village de vacances Sainte-Maxime!

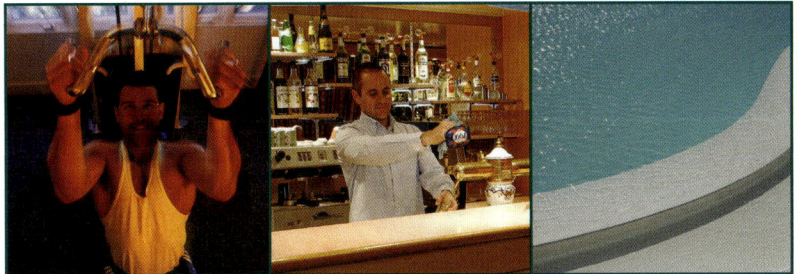

Amusez-vous avec toute la famille dans le village de vacances Sainte-Maxime! Situé dans le sud de la France, près de la frontière espagnole, ce village de vacances de 9 hectares vous offre sur place toutes les facilités et les avantages pour réussir vos vacances. Le village est ouvert du 31 mars au 31 octobre. Nous offrons beaucoup d'activités sportives.

◆ Situé sur une plage sableuse
◆ Base nautique: (du 1er mai au 31 août); Location: planche à voile, pédalo, canoë-kayak
◆ Court de tennis (du 30 avril au 31 octobre)
◆ Bar-restaurant (du 31 mars au 31 octobre)
◆ Terrain de jeux
◆ Centre sportif

◆ Piscine en plein air (du 31 mai au 30 septembre)
◆ Supermarché (toute l'année)
◆ Magasin de souvenirs (du 31 mars au 31 octobre)
◆ Laverie automatique
◆ 50 chalets ont une cuisine équipée, une salle de bains avec bain et douche/W.-C. et une terrasse privée.

7 *Écrire* **On peut faire ces choses quand? Écris une phrase pour répondre à chaque personne.**

1 J'aime jouer au tennis.

Exemple: Le court de tennis est ouvert du 30 avril au 31 octobre.

2 Moi, j'aime les sports nautiques.

3 J'adore faire de la natation.

4 J'aime manger des fruits de mer.

5 Je voudrais acheter un cadeau.

2 Où est la piscine?

➤ Giving directions
➤ The formal imperative

1 *Lire* **Trouve les phrases en français dans la case.**

1 To the left *à gauche*
2 To the right
3 Straight ahead
4 Go
5 Continue
6 Turn
7 Then

> continuez   puis
> tout droit   allez
> **à gauche**   à droite
>   tournez

Tournez à droite   Tournez à gauche   Continuez tout droit

à droite   à gauche

2 *Écouter* **C'est où? Écoute les conversations. Puis copie et remplis la grille. (1–6)**

Grammaire 3.8

	Où?	Pour aller ...
1	Bar	↑ ←
2		

en contexte

To give instructions to people you address as **vous**, use the formal imperative. This is the **vous** form of the verb minus **vous**.

Allez – Go
Tournez – Turn

In French, all words have a gender – they are either masculine (**le** bar) or feminine (**la** piscine).

Où **est** ...?
– Where is ...?
Où **sont** ...?
– Where are ...?

Pour trouver **le** bar ...
Pour aller **au** bar ...

3 *Écrire* **Écris les directions.**

Exemple: 1 Pour trouver le restaurant, allez tout droit, puis tournez à droite.

1

2

3

4

5

6

puis – then

4 *Parler* **À deux. Fais des dialogues avec les images de l'exercice 2.**

▲ Excusez-moi, monsieur. Où est le restaurant, s'il vous plaît?

▼ *Allez tout droit, madame, puis tournez à droite.*

5 *Lire* **Regarde le plan et lis les phrases. Tu es à la réception. C'est vrai ou faux? Corrige les erreurs.**

1 Il y a deux restaurants au centre de vacances. *Faux*

2 Le terrain de jeux est à gauche.

3 Le cinéma est tout droit.

4 Il y a cinquante chalets au centre de vacances.

5 Il y a un terrain de boules au centre de vacances.

6 Le magasin de souvenirs est tout droit, puis à gauche.

7 La piscine est ouverte de mars à octobre.

8 Le restaurant est fermé en hiver.

Chalets 1–50

Terrain de football: du 1er mars au 30 novembre

réception

Ouvert toute l'année

Chalets 51–100

Ouverte du 31 mars au 31 octobre

6 *Écrire* **Utilise le plan pour écrire des réponses aux questions.**

1 Qu'est-ce qu'il y a au centre de vacances? Il y a …

2 Où est la piscine? Pour trouver la piscine, allez …

3 Elle est ouverte quand, la piscine? La piscine, …

4 Où est le restaurant?

5 Il est ouvert quand, le restaurant?…

6 Où est la plage?

7 Où est le terrain de football?

8 Il est ouvert quand, le terrain de football?

7 *Parler* **À deux. Utilise le plan pour répondre aux questions. Tu es à la réception.**

▲ Qu'est-ce qu'il y a au centre de vacances?

▼ *Il y a …*

▲ Où est …?

▼ *Allez …, puis …*

3 On peut faire du vélo

a du canoë

b du vélo

c de l'équitation

faire

d de la voile

e de la planche à voile

on peut

k au bar

l au café

aller

m au cinéma

f au basket

g au tennis

i au volley

jouer

n à la piscine

o à la plage

h au foot

j aux jeux vidéo

1 *Écouter* Écoute les conversations. Qu'est-ce qu'on peut faire dans les centres de vacances? Écris les lettres. (1–8)

Exemple: **1** b, g

Grammaire 3.10

en contexte

On peut ('you can') is followed by a verb in the infinitive (the verb form used in the dictionary).

On peut **faire** – you can do (sometimes translated as 'you can go')
On peut **jouer** – you can play
On peut **aller** – you can go

2 *Parler* À deux. Invente des conversations et note en anglais les réponses de ton/ta partenaire.

Exemple:

▲ Qu'est-ce qu'on peut faire ici?

▼ *On peut aller au café, jouer au basket et faire du vélo.*

café, basketball, bike

3 *Lire* Trouve la bonne phrase pour chaque image.

à la campagne
à la montagne
à la plage
au bord du lac

4 *Lire* C'est quel centre de vacances?

1 Le centre de vacances le Pré Vert est à la campagne. Il y a une piscine en plein air et on peut faire de l'équitation. On peut aussi louer des vélos. Dans le café, on peut jouer aux jeux vidéo. Génial!

2 Au centre de vacances du Bois, il y a un grand lac et un bois. On peut y faire du canoë, du ski nautique et des randonnées dans le bois. Moi, je suis très sportif et ce que j'aime surtout, c'est qu'on peut jouer au basket, au foot et au tennis dans le grand centre sportif.

3 Le centre de vacances Europa est situé à la montagne. Le paysage est très pittoresque. Il y a un cinéma qui est ouvert tous les soirs. Pendant la journée, on peut faire beaucoup de sport. Il y a une piscine couverte, trois courts de tennis et un lac où on peut faire du canoë et de la voile.

4 Le village de vacances du Sable d'or est super! Il y a beaucoup de choses à faire. La plage est sableuse et on peut y aller pour faire de la voile et de la planche à voile. Il y a aussi un très bon café.

1 Which three holiday centres offer water sports?

2 Which holiday centre is in the country?

3 Which holiday centre has a sandy beach?

4 At which holiday centre could you go horseriding?

5 Which holiday centre has an outdoor swimming pool?

6 At which holiday centre could you see films every night?

7 At which holiday centre could you hire a bike?

8 Which two of the holiday centres have lakes?

9 Which would be the best holiday centre for a video game fan?

10 Which holiday centre would be best for those who wanted to play team games?

5 *Écouter* Écoute. Copie et remplis la grille. (1–4)

	Situation	Équipements/Activités
1	au bord d'un lac	Centre sportif, tennis, basket, piscine couverte.
2		

6 *Écrire* Choisis et décris deux centres de vacances.

Le centre de vacances est situé … Il y a … On peut …

7 *Parler* Choisis un des centres de vacances de l'exercice 6 et prépare une petite présentation.

4 Je suis maître nageur

1

Lire **Quel métier fais-tu? Fais correspondre les métiers et les symboles.**

Exemple: a *Je suis réceptionniste.*

Je suis …

a b c d
e f g
h i j k

animateur
caissier
chanteur
chef de cuisine
femme de chambre
moniteur de sports
nautiques
maître nageur
musicien
serveur
moniteur de colonie
de vacances
réceptionniste

en contexte

Grammaire 1.4

When talking about what job you do, the word for 'a' is omitted in French. Je suis musicien. – I am **a** musician.

Some jobs in French have masculine and feminine forms, e.g. serveur – waiter, serveuse – waitress. Others keep the same word, e.g. professeur – teacher.

2

Écrire **Trouve le mot masculin de l'exercice 1 pour chaque métier féminin.**
Find in exercise 1 the masculine word for each job given here in the feminine.

Je suis

caissière   chanteuse
musicienne   animatrice
monitrice   serveuse

Je suis … ?

3

Écouter **Écoute et note les métiers en anglais. (1–9)**

Exemple: **1** chambermaid

en contexte

Grammaire 3.3

travailler is an example of a regular **-er** verb. These take the following endings in the present tense. (Most verbs in French follow this pattern.)

je travaill**e** – I work
tu travaill**es** – you work
il/elle travaill**e** – he/she works

nous travaill**ons** – we work
vous travaill**ez** – you work
ils/elles travaill**ent** – they work

4

Écouter **Réécoute. Ils travaillent où? Choisis la phrase correcte pour chaque personne.**

Exemple: **1** *les chalets*

les chalets   la piscine   la réception
le restaurant   le club d'enfants
la cuisine   le bar
le supermarché   la plage

5 *Lire* **C'est qui? Lis et identifie la personne.**

Bonjour! Je m'appelle Jean-Luc et j'ai 26 ans. Je suis musicien dans un groupe au centre de vacances du Bois. Je chante et je joue de la guitare. Je travaille tous les soirs dans le bar.

Bonjour! Je m'appelle Natalie et j'ai 23 ans. Je suis monitrice dans un club pour des petits enfants âgés de trois ans à huit ans. Je travaille du lundi au vendredi dans le club.

Salut! Je m'appelle Christine et j'ai 18 ans. Je suis serveuse dans le restaurant. Le travail est très fatigant! Je travaille tous les jours, sauf le dimanche dans le restaurant.

Salut! Je m'appelle Richard et j'ai 17 ans. Je suis réceptionniste au centre de vacances de la plage. Je travaille tous les samedis et tous les dimanches et j'adore le travail.

1 Qui travaille dans un restaurant? *Christine*
2 Qui travaille avec des enfants?
3 Qui joue d'un instrument?
4 Qui est le plus jeune?
5 Qui trouve son travail dur?
6 Qui travaille à la reception?
7 Qui aime son travail?
8 Qui travaille le soir?

fatigant – tiring
sauf – except

Note that you use **avoir** to give your age: J'**ai** 23 ans.
To review numbers, see p.178.

6 *Parler* **À deux. Parle de ton métier. Utilise les images de l'exercice 1 et fais des dialogues.**

▲ Quel métier faites-vous?
▼ *Je suis moniteur de sports nautiques.*
▲ Où travaillez-vous?
▼ *Je travaille à la plage.*

dans le	bar/centre sportif/club d'enfants/magasin/restaurant
dans la	cuisine
à la	piscine/plage/réception

7 *Écrire* **Imagine que tu travailles au centre de vacances. Écris quatre phrases.**

Je m'appelle …
J'ai …
Je suis …
Je travaille …

5 J'adore travailler en plein air

1 *Écouter* **Patrick travaille dans le centre de vacances St Pierre. Écoute et lis.**

en contexte
Grammaire 3.9

When you form a question using a question word at the beginning (e.g. **quand, où**), put the verb before **vous**:
Quand **travaillez-vous**?

You can form questions where you expect a 'yes'/'no' answer just by saying the sentence with a rising intonation:
Vous aimez ce travail?

Bonjour, Patrick! Où travaillez-vous?
Je travaille comme maître nageur et moniteur de sports nautiques sur la plage.
Vous commencez à quelle heure?
Je commence à neuf heures et je finis à dix-huit heures.
Quand travaillez-vous?
Je travaille tous les jours, sauf le mardi.

Combien gagnez-vous par semaine?
Je gagne 250€ par semaine.
Vous aimez ce travail?
Oui, j'adore mon emploi parce que c'est intéressant et j'adore travailler en plein air.

2 *Lire* **Relis les dialogues et trouve les questions en français.**

1 When do you work?
2 How much do you earn?
3 Where do you work?
4 At what time do you start?
5 Do you like the work?

3 *Lire* **Copie les phrases, en choisissant les mots corrects.**

1 Patrick trouve son emploi **bien payé/ intéressant**.
2 Il travaille **le mardi/le week-end**.
3 Il gagne **deux cents euros/deux cent cinquante euros** par semaine.
4 Il **adore/déteste** son emploi.
5 Il commence le travail à **huit heures/ neuf heures**.

4 *Écouter* **Écoute les dialogues. Copie et remplis la grille.**

	Sophie	Richard	Anne	Claude
Emploi	réceptionniste			
Heures de travail	9h à 17h			
Jours de travail	tous les jours, sauf le week-end			
Salaire	250€ par semaine			
Opinion	ennuyeux			

Opinions 🙂
bien payé	intéressant
varié – varied	chouette
j'aime …	j'adore

Opinions ☹
mal payé	ennuyeux
monotone – boring	fatigant
je n'aime pas	je déteste

5 *Lire* Fais correspondre les mots et les images.

Exemple: **1** travailler en plein air

travailler avec les ordinateurs

travailler sur la plage

travailler en plein air

travailler dans une équipe

avoir le contact avec les clients

travailler avec les enfants

6 *Écrire* Imagine que tu es reporteur. Prépare un dialogue avec une de ces personnes. Regarde le dialogue de l'exercice 1 pour t'aider.

17h00–22h00, tlj,
sauf mardi, 100€/jour

18h00–23h00,
tl soirs, 200€/soir

12h00–15h00, tlj,
sauf dim 20€/h

7 *Parler* À deux. Choisis un métier et réponds aux questions de ton/ta partenaire. Adapte tes réponses de l'exercice 6.

▲ Où travaillez-vous?

▼ *Je travaille comme …*

▲ Vous commencez à quelle heure?

▼ *Je commence …*

▲ Quand travaillez-vous?

▼ *Je travaille …*

▲ Vous aimez ce travail?

▼ *J'aime/Je déteste ce travail parce que …*

À l'oral

1 Jeu de rôle 💬
You have a holiday job as a receptionist in a holiday centre near Brighton.
Your partner is a French tourist. Answer his/her questions, then change roles.

A
- ◆ Qu'est-ce qu'il y a au centre de vacances?
- ◆ Qu'est-ce qu'on peut faire ici?
- ◆ Qu'est-ce qu'il y a pour les enfants?
- ◆ Merci beaucoup!

B
- *Not at all.*

2 Jeu de rôle 💬
Take it in turn to play the part of the holiday centre receptionist and a French tourist asking for directions.

A
- ◆ Où est la piscine, s'il vous plaît?
- ◆ Où est la plage, s'il vous plaît?
- ◆ Où est le terrain de football, s'il vous plaît?
- ◆ Où sont les courts de tennis, s'il vous plaît?

B
- *Go straight ahead and turn left.*
- *Continue straight on and then turn right.*
- *On the left.*
- *Go straight ahead, turn right and the tennis courts are on the left.*

Mini presentation

Prepare a mini presentation about a holiday centre you are working at in France.

Use the structure shown in red below to organise your thoughts and the prompts supplied to help you. Aim to speak for 40–60 seconds.

> Write a cue card to help you remember what to say: make a list using bullet points.

1 **Your name, age and job at the centre**
Bonjour! Je m'appelle … J'ai … ans et je travaille comme … dans un centre de vacances en France.

2 **Name of centre**
Le centre de vacances s'appelle …

3 **Location**
Il est situé …

4 **Facilities**
Dans le centre de vacances, il y a …
On peut …

5 **Details of your job**
Je travaille dans …
Je travaille de … à …

6 **Opinion of your job**
J'aime/Je n'aime pas ce travail parce que …

À l'écrit

1 Prepare a brochure advertising a French holiday centre.

- ❖ *Name of holiday centre*
- ❖ *Location*
- ❖ *Facilities/What you can do*
- ❖ *Opening hours of facilities*

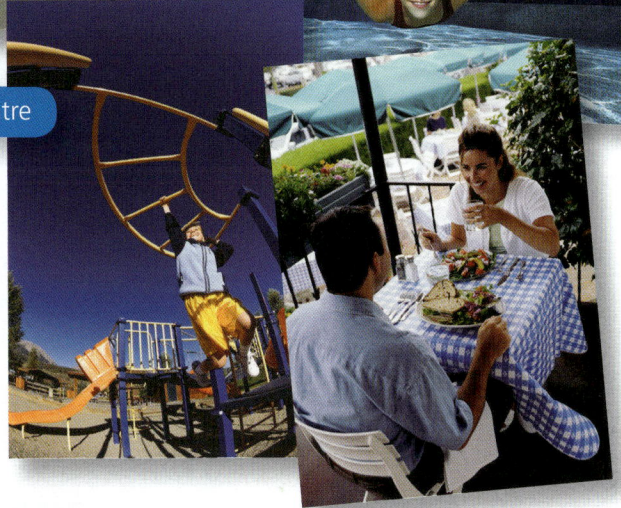

venez au centre de vacances – come to the holiday centre

relaxez-vous – relax

amusez-vous – enjoy yourself

allez – go

nagez – swim

jouez – play

mangez – eat

2 Imagine you are working at a holiday centre in France. Write a short article for the local newspaper about yourself and your work and the centre in general.

Make your writing as interesting as possible. Vary how you give your opinions by using these words before adjectives:

un peu – a little
assez – quite
très – very
vraiment – really
extrêmement – extremely

Je m'appelle …
et j'ai … ans.
Je travaille comme
… dans …

Introduction

Give your name and age.
Describe what your job is and where you work.

Paragraph 1

Say what the holiday centre is called and describe the location.
Say what there is to do and describe the facilities.

Paragraph 2

Je commence à …
Je finis à …
Je gagne …

Say when you start work and when you finish.
Say what the pay is.

Conclusion

Give your opinion of the job and say why you like/do not like it.

Le centre de
vacances s'appelle …
Il est situé …
On peut …

J'aime/J'adore …
Je n'aime pas/Je déteste … parce que
(c'est bien payé/c'est monotone) …

dix-neuf **19**

Module 1 Mots

Équipements — Facilities

Qu'est-ce qu'il y a?	What is there?	des courts de tennis (m)	tennis courts
Il y a ...	There is/are ...	des magasins (m)	shops
un bar	a bar	une base nautique	a water sports area
un café Internet	an internet café	des chalets (m)	chalets
un centre sportif	a sports centre		
un restaurant	a restaurant	Vous avez des courts de tennis?	Do you have tennis courts?
un terrain de jeux	a play area	Vous pouvez jouer au foot.	You can play football.
un terrain de sport	a sports field		
une laverie	a laundry	situé	situated
une piscine	a swimming pool	sur place	on site
une plage	a beach	en plein air	open-air
une salle de sport	a sports hall	les W.-C.	toilets

Quand sont-ils ouverts? — When are they open?

Le centre est ouvert ...	The centre is open ...	mai	May
La piscine est ouverte ...	The swimming pool is open ...	juin	June
		juillet	July
du 31 mars au 31 octobre	from 31st March to 31st October	août	August
janvier	January	septembre	September
février	February	octobre	October
mars	March	novembre	November
avril	April	décembre	December

C'est où? — Where is it?

Où est la piscine?	Where's the swimming pool?	Tournez à droite.	Turn right.
		Tournez à gauche.	Turn left.
Où sont les courts de tennis?	Where are the tennis courts?	Continuez tout droit.	Keep going straight on.
		puis	then
C'est à droite.	It's on the right.	Pour trouver le bar, ...	To find the bar ...
C'est à gauche.	It's on the left.	Pour aller au bar, ...	To go to the bar ...

Qu'est-ce qu'on peut faire ici? — What can you do here?

On peut faire ...	You can do/go ...	On peut aller ...	You can go ...
du canoë	canoeing	au bar	to the bar
du vélo	cycling	au café	to the café
de l'équitation	horse-riding	au cinéma	to the cinema
de la voile	sailing	à la piscine	to the swimming pool
de la planche à voile	windsurfing	à la plage	to the beach
On peut jouer ...	You can play ...	Le centre de vacances est situé ...	The holiday centre is situated ...
au basket	basketball	à la campagne	in the countryside
au tennis	tennis	au bord du lac	beside a lake
au foot	football	à la montagne	in the mountains
au volley	volleyball	à la plage	on the beach
aux jeux vidéo	video games		

Quel métier fais-tu? — *What job do you do?*

Je suis …	*I'm a/an …*	moniteur/trice de sports nautiques	*water-sports instructor*
animateur/trice	*entertainer*	musicien(ne)	*musician*
caissier/ère	*cashier/till operator*	serveur/euse	*waiter/waitress*
chanteur/euse	*singer*	moniteur/trice de colonie de vacances	*child carer*
chef de cuisine	*cook*		
femme de chambre	*chambermaid*	réceptionniste	*receptionist*
maître nageur	*lifeguard*		

Tu travailles où? — *Where do you work?*

Je travaille …	*I work …*	dans la cuisine	*in the kitchen*
dans le bar	*in the bar*	dans les chalets	*in the chalets*
dans le supermarché	*in the supermarket*	à la piscine	*at the swimming pool*
dans le restaurant	*in the restaurant*	à la réception	*at reception*
dans le club d'enfants	*in the children's club*	à la plage	*at the beach*

Mon métier — *My job*

Je travaille comme maître nageur.	*I work as a lifeguard.*	Vous aimez/Tu aimes ce travail?	*Do you like the work?*
Vous commencez/ Tu commences à quelle heure?	*When do you start?*	J'aime/J'adore mon job/ ce travail …	*I like/love my job/the work …*
		parce que c'est …	*because it's …*
Je commence à (neuf heures).	*I start at (9 o'clock).*	bien payé	*well paid*
		chouette	*great*
		intéressant	*interesting*
Quand travaillez-vous/ travailles-tu?	*When do you work?*	Je n'aime pas/Je déteste ce travail …	*I don't like the work …*
tous les jours	*every day*	parce que c'est …	*because it's …*
sauf	*except*	ennuyeux	*boring*
lundi	*Monday*	fatigant	*tiring*
mardi	*Tuesday*	mal payé	*badly paid*
mercredi	*Wednesday*	monotone	*boring*
jeudi	*Thursday*		
vendredi	*Friday*	J'adore travailler …	*I like working …*
samedi	*Saturday*	dans une équipe/en équipe	*in a team*
dimanche	*Sunday*	en plein air	*in the open air*
le week-end	*weekend*	sur la plage	*on the beach*
Combien gagnez-vous/ gagnes-tu?	*How much do you earn?*	avec les enfants	*with children*
		avec les clients	*with customers*
Je gagne (250€) par semaine.	*I earn (€250) a week.*	avec les ordinateurs	*with computers*
par heure	*per hour*		
par jour	*per day*		
par soir	*per evening*		

2 À l'hôtel

➤ Choosing a hotel for a business trip

➤ Using **avoir** and **être**

1 Qu'est-ce que vous avez comme équipements?

1 *Écouter* **Écoute et note les équipements (***facilities***) dans chaque hôtel. (1–4)**

Exemple: **1** a, b, e, g

Hôtel Rabelais – nos équipements

a un centre de loisirs

b une salle de conférences

c un sauna

d une piscine

e un restaurant

f un salon de beauté

g un magasin

h une salle d'informatique

i une photocopieuse

j un fax

2 *Écouter* **Réécoute et note où est situé chaque hôtel. (1–4)**

Exemple: **1** b

a au centre-ville
in the town centre

c près de l'autoroute
near the motorway

Où êtes-vous?
Where are you?

b près de l'aéroport
near the airport

d près de la gare
near the station

3 *Parler* **À deux. Décris deux hôtels (invente les détails). Note les détails de ton/ta partenaire.**

🔺 Qu'est-ce que vous avez comme équipements?

🔻 *Nous avons (une salle d'informatique) …*

🔺 Qu'est-ce que vous avez comme équipements sportifs?

🔻 *Nous avons …*

🔺 Où êtes-vous exactement?

🔻 *Nous sommes …*

4 *Lire* Lis et écoute la conversation, puis trouve les phrases en français.

Allô! Parlez-vous français?

Oui, bien sûr. Je peux vous aider?

J'organise une conférence en Angleterre et je cherche un hôtel adapté.

Eh bien, monsieur, notre hôtel est parfait pour les conférences.

Qu'est-ce que vous avez comme équipements?

Nous avons deux salles de conférences, une grande salle pour 100 personnes et une petite salle pour 50 personnes, une salle de réunions, une salle d'informatique avec 30 ordinateurs, une photocopieuse et un fax pour les clients.

Qu'est-ce que vous avez comme équipements sportifs?

Nous avons un centre de loisirs dans l'hôtel avec une piscine couverte.

Où êtes-vous exactement?

Nous sommes au centre-ville, près de la gare. Il y a une navette pour aller à la gare.

Avez-vous une brochure?

Oui, monsieur. Donnez-moi votre nom et votre adresse, s'il vous plaît.

Jacques Duval, Système, 12, rue de la Gare, Nice.

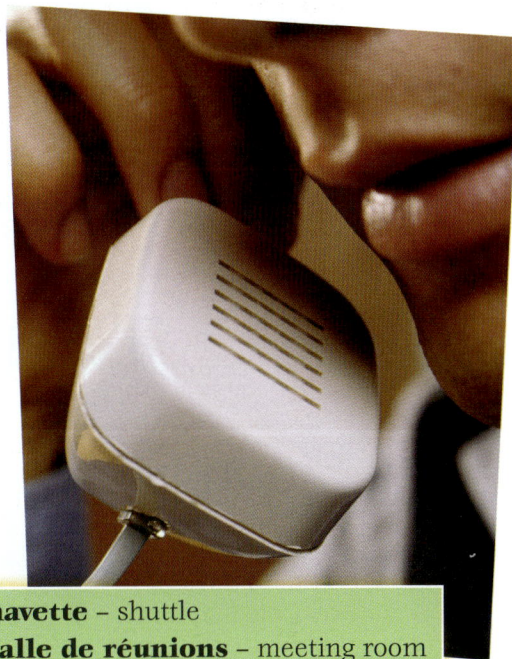

navette – shuttle
salle de réunions – meeting room

1 Give me your name.
2 I am organising a conference.
3 Do you have a brochure?
4 What sports facilities do you have?
5 We have two conference rooms.
6 Where are you exactly?
7 I am looking for a suitable hotel.
8 What facilities do you have?
9 A fax machine for the guests.

en contexte

Grammaire 3.5

avoir (to have)
j'ai – I have
tu as – you (familiar) have
il/elle/a – he/she/it has
vous avez – you have

Question forms:
Avez-vous ...?
– Do you have ...?

être (to be)
je suis – I am
tu es – you (familiar) are
il/elle/est – he/she/it is
vous êtes – you are

Êtes-vous ...?
– Are you ...?

5 *Écrire* Copie les phrases et remplis les blancs avec les bons mots. Puis traduis les phrases en anglais.

1 Qu'est-ce que vous *avez* comme équipements?
2 L'hôtel _____ une salle de conférences et un centre de loisirs.
3 Où _____ l'hôtel, s'il vous plaît?
4 _____-vous une piscine?
5 _____-vous près de la gare?

6 *Parler* Tu cherches un hôtel et ton/ta partenaire est le/la réceptionniste. Utilise la conversation de l'exercice 4 et prépare un dialogue. Change les mots en rouge.

7 *Écrire* Tu travailles dans un hôtel en Angleterre. Écris un e-mail à un client belge qui voudrait des renseignements sur:
• la situation de l'hôtel
• les équipements

Merci de votre e-mail ...

2 Je voudrais réserver une chambre

➤ Booking accommodation

➤ Using **je voudrais**

1 *Lire* Identifie les symboles.

Exemple: **1** f

a   b   c   d

e   f   g

h   i   j   k

une nuit	☾
deux nuits	☾☾
une semaine	☾7
quinze jours	☾15

1 une douche
2 une chambre pour une personne
3 un balcon
4 une chambre double
5 une chambre fumeurs
6 une chambre pour famille

7 une vue sur la mer
8 des W.-C.
9 une chambre non-fumeurs
10 une salle de bains
11 une chambre pour deux personnes avec deux lits individuels

2 *Écouter* Écoute la conversation et remplis les blancs.

Good morning, the Station Hotel. Parlez-vous français, madame?
Mais oui. Je peux vous aider?
Oui. Je **(1)** _____ réserver des chambres, s'il vous plaît.
*Combien de chambres **(2)** _____ -vous réserver?*
Trois **(3)** _____ pour une personne avec **(4)** _____ et W.-C. et une chambre double pour deux **(5)** _____ avec salle de bains.
*Pour **(6)** _____ de nuits?*
Pour deux **(7)** _____ du 13 avril au 15 avril.
*Vous voudriez des chambres **(8)** _____ ou non-fumeurs?*
Des chambres non-fumeurs, s'il vous plaît. C'est combien?
Ça fait 250 livres, monsieur.
D'accord. Je voudrais réserver les chambres, s'il vous plaît.
*C'est à quel **(9)** _____ , s'il vous plaît?*
Au nom de Monsieur Luc Lefèvre de la Compagnie Lefèvre Paris.
Quel est votre numéro de téléphone, monsieur?
C'est le 00 33 1 40 37 85 64.
*Très bien. Vous voudriez une confirmation de la **(10)** _____ par fax?*
Oui, merci, madame.

chambres
nom
réservation
personnes
voudrais
douche
combien
voudriez
nuits
fumeurs

3 *Lire* Trouve les phrases en français dans le dialogue.

1 For how many nights?

2 I would like to reserve some rooms.

3 What name is it, please?

4 How many rooms would you like to reserve?

5 Would you like smoking or non-smoking rooms?

6 What is your phone number?

7 Would you like me to fax confirmation of the reservation?

4 *Parler* Tu voudrais faire une réservation. Ton/Ta partenaire est le/la réceptionniste. Prépare une conversation. Utilise la conversation de l'exercice 2 pour t'aider.

Grammaire 3.15

en contexte

To say 'I would like', use **je voudrais**. The question form ('Would you like?') is **Voudriez-vous?**

5 *Écouter* Écoute les conversations, puis copie et remplis la grille. Pour les chambres, utilise les images de l'exercice 1. (1–5)

	Nom	Chambres	Durée du séjour	Dates
1	Madame Guiver	1 chambre – a, f, g 2 chambres – b, f, g	3 nuits	10–13 mars
2				

6 *Lire* Lis la lettre de confirmation, puis copie le mémorandum et remplis les blancs en anglais.

Londres, le 12 février

Monsieur,

Suite à mon appel, je vous écris pour confirmer ma réservation dans votre hôtel pour les nuits du 11 et du 12 mars au nom de Monsieur Peter Grover. Je voudrais deux chambres pour une personne avec salle de bains et trois chambres doubles avec douche et W.-C.

Pourriez-vous m'indiquer si le petit déjeuner est compris et à quelle heure il est servi? Avez-vous un centre de loisirs à l'hôtel?

Nous espérons arriver vers 19h, le 11 mars.

Je vous prie d'agréer, monsieur, l'expression de mes sentiments distingués.

Abigail Eade
Secrétaire

Memo

To: Peter Grover
From: Abigail Eade
Date:

I have reserved the following accommodation:

_____ _____ rooms with _____
_____ _____ rooms with _____
and _____

I have reserved the rooms for _____ nights for the following dates: _____ to _____

I also asked if _____ and when _____

and if _____.

I told them we are hoping to arrive at about _____ on _____.

7 *Écrire* Tu voudrais faire une réservation à l'Hôtel du Nord. Écris une lettre de confirmation avec des questions. Voici les détails. Change les mots en rouge de la lettre de l'exercice 6.

2 × ... June 15–18 ... ? ... ?

3 J'ai réservé deux chambres

1 *Écouter* Écoute et lis la conversation.

Bonjour! J'ai réservé deux chambres pour une personne avec douche.

Quel est votre nom, s'il vous plaît?

Je m'appelle Alex Evans de la Compagnie Rapid Travel.

Ah oui! J'ai trouvé votre réservation, monsieur. C'est pour deux personnes pour trois nuits, n'est-ce pas?

Oui, c'est ça. Le petit déjeuner est compris?

Oui, monsieur.

Il est servi à quelle heure?

Le petit déjeuner est servi de sept heures et demie à neuf heures et demie dans le restaurant.

Est-ce que je peux prendre le dîner à l'hôtel?

Oui. Le dîner est servi de dix-neuf heures à vingt et une heures.

Où est le restaurant, s'il vous plaît?

Le restaurant est au deuxième étage. ... Voici votre clef.

Merci. Il y a un ascenseur?

Oui, monsieur. Là-bas à gauche.

2 *Lire* Relis la conversation et choisis la bonne lettre.

Exemple: 1 c

		a	b	c
1	Alex Evans a réservé	3 chambres	4 chambres	2 chambres.
2	Les chambres sont pour	1 personne	2 personnes	3 personnes.
3	Le petit déjeuner	n'est pas compris	est compris	n'est pas servi.
4	Le petit déjeuner est servi	de 7h00 à 9h00	de 7h15 à 9h15	de 7h30 à 9h30.
5	Le dîner commence à	18h00	19h00	21h00.
6	Le restaurant est au	1er étage	2e étage	3e étage.

7h00	sept heures
8h15	huit heures et quart
9h30	neuf heures et demie
10h45	onze heures moins le quart
12h00	midi/minuit
20h00	vingt heures
21h10	vingt et une heures dix

3 *Écouter* **Écoute et note les repas et les heures. (1–8)**

> *Exemple:* **1** petit déjeuner 7h00 – 9h00

4 *Parler* **À deux. Note 6 heures en secret. Dis les heures à ton/ta partenaire en français. Ton/Ta partenaire note les heures.**

5 *Lire* **Fais correspondre les questions et les réponses.**

> *Exemple:* **1** c

1	Pour combien de personnes?	**a**	De sept heures à neuf heures.
2	Pour combien de nuits?	**b**	Oui, c'est compris.
3	Le petit déjeuner est compris?	**c**	C'est pour trois personnes.
4	C'est combien pour une chambre?	**d**	C'est pour deux nuits.
5	Il est servi à quelle heure?	**e**	À droite, madame.
6	Où est l'ascenseur, s'il vous plaît?	**f**	100€ par nuit.

6 *Écrire* **Copie la feuille d'informations et remplace les images avec des mots.**

Hôtel de la Poste
Informations pour les clients

1 La réception est ouverte de `6.00` à `23.00` .

2 Le 🥐☕ est servi dans le 🍽️ de `7.30` à `9.45` .

3 Le dîner est servi dans le restaurant de `19.00` à `21.30` .

4 La porte d'entrée est fermée à clef à `00.00` .

5 Le jour du départ, la chambre doit être libérée à `10.30` .

7 *Écouter* **Une cliente téléphone à l'hôtel. Écoute et prends des notes. (1–5)**

> *Exemple:* **1** *Reception open from 6.00 until midnight*

8 *Parler* **À l'hôtel. Tu as réservé des chambres et ton/ta partenaire est le/la réceptionniste. Prépare une conversation. Utilise la conversation de l'exercice 1.**

> ▲ Bonjour, j'ai réservé …

4 Je voudrais me plaindre ...

➤ Making a complaint
➤ Negatives

1 *Lire* **Trouve le texte qui correspond à chaque image.**

Exemple: a serviettes

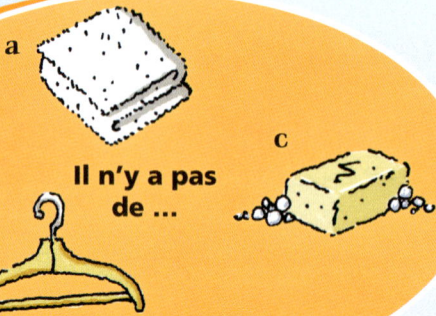

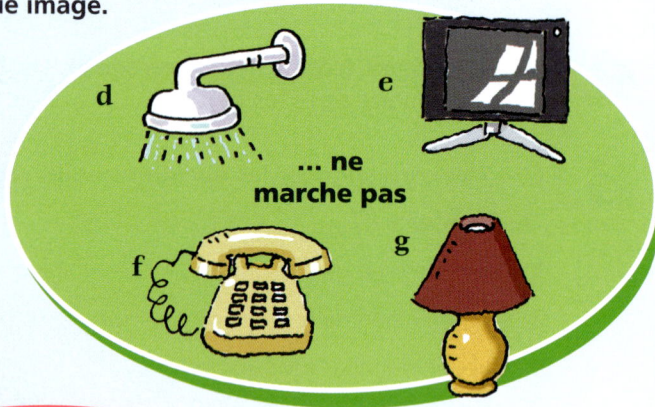

a

c

Il n'y a pas
de ...

b

d

e

... ne
marche pas

f

g

h

Il y a un problème
avec ...

i

j

la télévision
les W.-C.
cintres
la lampe
le robinet
savon
le téléphone
le chauffage
serviettes
la douche

2 *Écouter* **Écoute les conversations et écris les lettres des problèmes (regarde les images de l'exercice 1). (1–6)**

Exemple: 1 h, a

3 *Lire* **Lis la conversation et réponds aux questions en anglais.**

Oui, je peux vous aider?

Oui. Je voudrais me plaindre. J'ai des problèmes avec ma chambre.

Quel est le numéro de la chambre, monsieur?

C'est la chambre numéro douze.

Et quels sont les problèmes?

La douche ne marche pas, il n'y a pas de cintres et il y a un problème avec le chauffage.

Oh, je suis désolée, monsieur. Je vais m'en occuper immédiatement.

1 Which room is the guest in?

2 What are the problems with the room (3)?

3 How does the receptionist respond to the complaint?

en contexte

Grammaire 3.7

To form a negative in French use **ne ... pas** around the verb:
Le téléphone **ne** marche **pas**.
– The telephone isn't working.

Before a verb starting with a vowel sound, **ne** becomes **n'**:
Il **n'**y a **pas** de savon. – There's no soap.

Note **du, de la, de l', des** all become **de** in negative constructions:
Je voudrais **des** serviettes.→
Il n'y a pas **de** serviettes.

4 *Parler* À l'hôtel. Tu es le/la réceptionniste et ton/ta partenaire est le/la client(e). Utilise la conversation de l'exercice 3 et prépare un dialogue. Change les mots soulignées.

5 *Écrire* Tu travailles à la réception dans un hôtel en France. Tu as noté les problèmes des clients en anglais. Écris un message en français pour l'homme à tout faire (*handyman*).

Room

15 – broken shower, no towels

19 – problem with the toilet, no soap, lamp not working

23 – problem with the tap, broken TV, no coathangers

38 – phone not working, room dirty, no towels or soap

47 – heating not working, broken shower, no coathangers

La chambre est sale.
– The room is dirty.

Les problèmes dans les chambres aujourd'hui

1 Dans la chambre numéro quinze, la douche ne marche pas et il n'y a pas de serviettes.

6 *Parler* Pierre, l'homme à tout faire, n'est pas encore arrivé! Laisse un message sur son répondeur automatique. Écoute et vérifie le message de ton/ta partenaire.

Bonjour! C'est un message pour Pierre. Voici les problèmes dans les chambres aujourd'hui (date) ... Dans la chambre, ...

7 *Écouter* Écoute les conversations à la réception. Copie et remplis la grille. (1–4)

	Nom	N° de la chambre	Problèmes
1	Lepetit	25	La douche ne marche pas et la chambre est sale.
2			

5 Une conférence dans l'hôtel

➤ Sorting out problems
➤ Describing things in the past

1 *Écouter* Écoute ces trois conversations et regarde l'image. Il manque une chose. Qu'est-ce que c'est?

5 un vidéoprojecteur

3 un écran

2 un chevalet de conférences

1 un rétroprojecteur

6 un pupitre orateur

9 des bouteilles d'eau minérale

13 un lecteur DVD

4 un ordinateur portable

7 des tables de conférences

11 des bics

10 des verres

8 des chaises de conférences

12 des blocs-notes

2 *Écouter* Réécoute et note en anglais ce qu'ils voudraient dans la salle de conférences. (1–3)

Exemple: 1 30 x conference chairs, 6 x conference tables, …

3 *Écouter* Note les problèmes de ces clients dans la salle de conférences. (1–6)

Exemple: 1 Le rétroprojecteur est cassé.

cassé(e) – broken

4 *Écrire* Tu fais une présentation dans la salle de conférences. Mais tout ne va pas bien. Regarde ta liste et note les problèmes en français.

20 conference chairs (1 chair broken) ✓

5 conference tables ✓

1 flipchart – missing ✗

1 data projector – broken ✗

1 screen – dirty ✗

20 glasses (only 15) ✗

6 bottles of mineral water ✓

Il y a dix verres.
Il n'y a pas de bics.
Il y a un problème avec …
Une chaise est cassée.
Il n'y a que dix chaises. J'en voudrais vingt.

5 *Parler* Tu vas à la réception pour dire ce qui ne va pas dans la salle de conférences. Ton/Ta partenaire est le/la réceptionniste. Utilise tes notes en français de l'exercice 4.

▲ Est-ce que tout va bien?

▼ *Malheureusement non.*

▲ Qu'est-ce qui ne va pas?

▼ …

en contexte

Grammaire
3.13

The imperfect tense is used to describe things in the past.

La chambre **était** sale. – The room was dirty.
L'ordinateur portable **était** cassé. – The laptop was not working.
Il **faisait** très froid. – It was very cold.

Il n'y **avait** pas de rétroprojecteur. – There **was** no OHP.
Il n'y **avait** pas de verres. – There **were** no glasses.

bancale – wobbly

6 *Lire* **Lis la lettre et réponds aux questions en anglais.**

1 When did Nathan write this letter?

2 When did he stay in the hotel?

3 What three problems did he have with his room?

4 Name the four problems he had in the conference room.

5 Find the phrase "We hope you are able to reimburse us some of the money we have paid.'

Londres, le 3 mars

Monsieur/Madame,

Je vous écris pour me plaindre de mon séjour dans votre hôtel au mois de février cette année.

D'abord, il faisait froid dans ma chambre et il n'y avait pas de serviettes. La télévision était cassée et il y avait un problème avec le chauffage.

Il y avait aussi des problèmes dans la salle de conférences. Nous voulions cinquante chaises, mais il n'y en avait que trente-cinq dans la salle. Une table était bancale, il n'y avait pas d'écran et le rétroprojecteur était cassé.

Nous ne sommes pas très contents et nous espérons que vous pouvez nous rembourser une partie de la somme que nous avons payée.

Nous attendons avec impatience votre réponse.

Je vous prie d'agréer l'expression de mes sentiments distingués.

Nathan Cartwright

7 *Écrire* **Ton chef est rentré d'un séjour dans un hôtel en France. Voici une liste de ses problèmes. Utilise la lettre de l'exercice 6. Change les mots en rouge.**

Please write a letter to the hotel I stayed at in October. I had the following problems:
   Room was dirty
   There were no coathangers
   The shower was broken
   There was a problem with the phone
   In the conference room I wanted 6 tables but they only provided 4
   There was no flipchart and the DVD player did not work

À l'oral

1 Jeu de rôle

You are working at a hotel reception and take a telephone call from a French person who is enquiring about the facilities for conferences.

A
- ◆ Allô! J'organise une conférence en France et je cherche un hôtel adapté. Qu'est-ce que vous avez comme équipements?
- ◆ Qu'est ce que vous avez comme équipements sportifs?
- ◆ Où êtes-vous exactement?

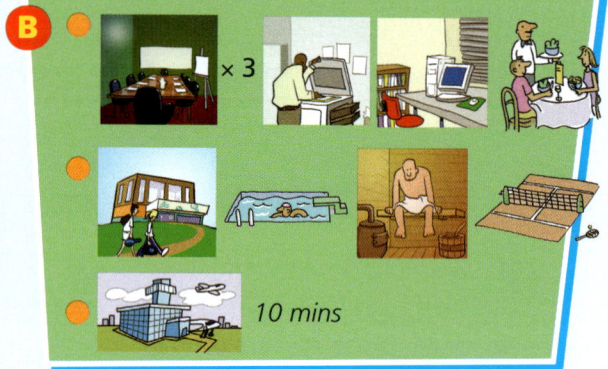

2 Jeu de rôle

You make a telephone call to book a room in a hotel.

A
- ◆ L'hôtel de la Poste. Bonjour!
- ◆ Pour combien de nuits?
- ◆ C'est noté.
- ◆ C'est 70€ par nuit … Et votre nom et votre numéro de téléphone?

B
- ● Say you would like to reserve a single room with shower and toilet.
- ● 2 nights, 14–16 August.
- ● Ask how much it is.
- ● Give your name and number.

Mini presentation

You are working in a hotel and have to prepare a spoken report about the problems guests have had throughout the week with rooms and conference facilities. Describe the situation for at least three guests and use the example to help you.

D'abord Monsieur Smyth. Il était dans la chambre numéro treize et il a eu beaucoup de problèmes avec sa chambre. La télévision était cassée et il y avait un problème avec le chauffage. Dans la salle de conférences, il n'y avait qu'une table et l'ordinateur portable était cassé. La salle de conférences était très sale et le vidéoprojecteur était aussi cassé.

You could use a prompt card like this one:

> **Mr Smyth, Room 13**
> TV broken, problem with heating
> Only one table in conference room,
> laptop broken, dirty room, data
> projector broken

Linking your presentation together:
d'abord – first of all
puis – then
finalement – finally

À l'écrit

1 **You're staying at a hotel on business. Write an e-mail to your French boss to say how it's going.**

Je suis dans l'hôtel
... qui est situé ...
Dans l'hôtel, il y a ...

1 Say which hotel you're staying at, where it is and what facilities there are.

2 Describe the problems you are having in the room.

3 Describe the problems you are having in the conference room.

4 End your e-mail appropriately.

J'ai beaucoup de problèmes avec ma chambre ...
Il n'y a pas de ... / ...
ne marche pas/il y a un problème avec ...

Il y a aussi des problèmes avec la salle de conférences ...
Il n'y a que ... / ...est cassé(e) / sont cassé(e)s

J'espère que ça ira mieux demain. – I hope it goes better tomorrow.
C'est affreux! C'est terrible! – It's awful! It's terrible!
Je vais me plaindre. – I am going to complain.
À bientôt. – See you soon.
À la semaine prochaine. – See you next week.

2 **You're now leaving your hotel in France. Copy and complete the questionnaire with your personal information and give your opinion of the room and the conference facilities. Remember to use the imperfect tense for descriptions – look back to page 31.**

Questionnaire

VOTRE AVIS EST IMPORTANT!

Nom:

Prénom:

Adresse:

N° de téléphone:

Chambre N°   Dates du séjour

Comment était la chambre? Très bien ☐ Bien ☐ Moyen ☐ Médiocre ☐

Vous avez eu des problèmes? Décrivez-les ici.

_____

_____

_____

Comment était la salle de conférences? Très bien ☐ Bien ☐ Moyen ☐ Médiocre ☐

Vous avez eu des problèmes? Décrivez-les ici.

_____

_____

_____

Module 2 Mots

Des renseignements — Getting information

J'organise une conférence.	I'm organising a conference.
Je cherche un hôtel adapté.	I'm looking for a suitable hotel.
Qu'est-ce que vous avez comme …	What … do you have?
équipements?	facilities
équipements sportifs?	sports equipment/facilities
Nous avons …	We have …
un centre de loisirs	a leisure centre
un magasin	a shop
un restaurant	a restaurant
un salon de beauté	a beauty salon
un sauna	a sauna
un fax	a fax machine
une photocopieuse	a photocopier
une piscine	a swimming pool
une salle de conférences	a conference room
une salle d'informatique	a computer room
Où êtes-vous?	Where are you?
Nous sommes …	We're …
au centre-ville	in the town centre
près de l'aéroport	near the airport
près de l'autoroute	near the motorway
près de la gare	near the station
Avez-vous une brochure?	Do you have a brochure?
Notre hôtel est parfait pour les conférences.	Our hotel is excellent for conferences.
Donnez-moi votre nom et votre adresse.	Give me your name and address.

Je voudrais réserver … — I'd like to book …

Combien de chambres voulez-vous réserver?	How many rooms would you like to book?
Je voudrais/Nous voudrions …	I'd like/We'd like …
une chambre pour une personne	a single room
une chambre double	a double room
une chambre pour famille	a family room
une chambre pour deux personnes avec deux lits individuels	a twin bed room
Vous voudriez …?	Would you like …?
une chambre fumeurs	(a) smoking (room)
une chambre non-fumeurs	(a) non-smoking (room)
avec douche	with a shower
avec balcon	with a balcony
avec vue sur la mer	with a view of the sea
avec W.-C.	with a toilet
avec salle de bains	with a bathroom
Pour combien de nuits?	For how many nights?
pour une nuit/deux nuits	for one/two nights
pour une semaine	for a week
pour quinze jours	for two weeks
C'est à quel nom, s'il vous plaît?	In which name, please?
Au nom de Luc Lefèvre.	(In the name of) Luc Lefèvre.
Quel est votre numéro de téléphone?	What's your phone number?
C'est le (00 33 1 68 43 92 5).	It's (00 33 1 68 43 92 5).
Vous voudriez une confirmation de la réservation par fax?	Would you like confirmation of the reservation by fax?
Je vous écris pour confirmer ma réservation.	I am writing to confirm my reservation.
Pourriez-vous nous indiquer si (le petit déjeuner est compris)?	Could you let us know if (breakfast is included)?
Nous espérons arriver vers 19h.	We hope to arrive around 7 o'clock.
Je vous prie d'agréer, madame, monsieur l'expression de mes sentiments distingués.	standard way of signing off in a formal letter

À la réception — At reception

J'ai réservé (deux chambres).	I made a reservation (for two rooms).
Quel est votre nom?	What name?
C'est ça.	That's right.
Le petit déjeuner est compris?	Is breakfast included?
Il est servi à quelle heure?	At what time is it served?
Le dîner est servi de 7h30 à 9 heures.	Dinner is served from 7.30 till 9.
Il est servi dans le restaurant.	It's served in the restaurant.
Est-ce que je peux prendre le dîner à l'hôtel?	Can I have dinner in the hotel?
Où est (le restaurant)?	Where is (the restaurant)?
C'est au premier/deuxième/troisième étage.	It's on the first/second/third floor.
Il y a un ascenseur?	Is there a lift?
Voici votre clef.	Here is your key.
sept heures	7.00
huit heures et quart	8.15
neuf heures et demie	9.30
onze heures moins le quart	10.45
midi/minuit	12.00
vingt heures	20.00
vingt et une heures dix	21.10

Pour se plaindre

Je voudrais me plaindre.	*I'd like to make a complaint.*
J'ai des problèmes avec ma chambre.	*I have some problems with my room.*
Quel est le numéro de la chambre?	*What is the number of your room?*
C'est le numéro (29).	*It's number (29).*
Quels sont les problèmes?	*What are the problems?*
Il n'y a pas de …	*There is/are no …*
cintres	*clothes hangers*
savon	*soap*
serviettes	*towels*

To make a complaint

La lampe	*The lamp*
La douche	*The shower*
Le téléphone	*The telephone*
La télévision	*The television*
… est cassé(e).	*… is broken*
Il y a un problème avec …	*There's a problem with …*
le chauffage	*the heating*
le robinet	*the tap*
les W.-C.	*the toilet*
Je suis désolé(e).	*I'm sorry.*
Je vais m'en occuper immédiatement.	*I'll look into it immediately.*

À la conférence

un écran	*a screen*
un lecteur DVD	*a DVD player*
un chevalet de conférences	*a flipchart*
un ordinateur portable	*a laptop*
un pupitre orateur	*a lectern*
un rétroprojecteur	*an overhead projector*
un vidéoprojecteur	*a data projector*
des bics (m)	*pens*
des blocs-notes (m)	*notepads*
des bouteilles d'eau minérale (f)	*bottles of mineral water*
des chaises de conférences (f)	*conference chairs*
des tables de conférences (f)	*conference tables*
des verres (m)	*drinking glasses*

At the conference

cassé(e)	*broken*
Est-ce que tout va bien?	*Is everything all right?*
Malheureusement non.	*I'm afraid not.*
Qu'est-ce qui ne va pas?	*What's wrong?*
Il n'y a que …	*There are only …*
La chambre était sale.	*The room was dirty.*
L'ordinateur portable était cassé.	*The laptop was broken.*
Il n'y avait pas de rétroprojecteur.	*There was no OHP.*
Il n'y avait pas de verres.	*There were no glasses.*
Je vous écris pour me plaindre de mon séjour.	*I'm writing to complain about my stay.*
Nous espérons que vous pouvez nous rembourser.	*We hope that you can reimburse us.*

➤ Dealing with customers in a sports centre

➤ Verbs followed by the infinitive

/ Qu'est-ce qu'on peut faire?

1 *Écouter* **Qu'est-ce qu'on peut faire dans le centre sportif? Écoute et note les activités en anglais. (1–5)**

Exemple: **1** tennis, swimming, solarium

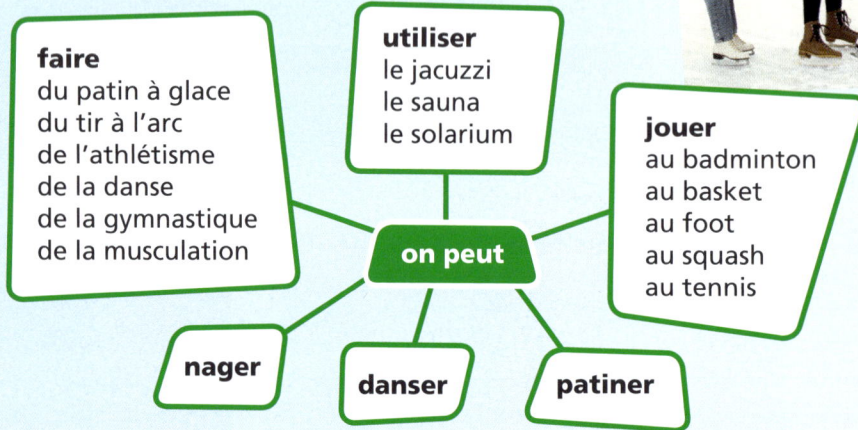

du patin à glace

faire
du patin à glace
du tir à l'arc
de l'athlétisme
de la danse
de la gymnastique
de la musculation

utiliser
le jacuzzi
le sauna
le solarium

jouer
au badminton
au basket
au foot
au squash
au tennis

on peut

nager

danser

patiner

du tir à l'arc

de la musculation

2 *Lire* **Copie et complète la conversation dans le centre sportif avec les bons verbes.**

Bonjour! Qu'est-ce qu'on peut **(1)** _____ *dans le centre sportif?*

On peut **(2)** _____ au tennis et au cricket et on peut **(3)** _____ de la gymnastique.

Moi, j'aime **(4)** _____ . *Avez-vous une piscine?*

Oui, il y a aussi une patinoire si vous aimez **(5)** _____ et un sauna.

À quelle heure peut-on **(6)** _____ *le sauna?*

Entre midi et dix-neuf heures.

Et quand peut-on **(7)** _____ *au basket?*

De dix heures à midi.

Merci beaucoup. Au revoir.

Au revoir, madame.

jouer	utiliser
faire	nager
faire	patiner
	jouer

There are two ways of saying how long something goes on.
de trois heures **à** cinq heures
entre trois heures **et** cinq heures

en contexte

Common verbs used to say what you like/dislike (**aimer/vouloir/adorer/détester**) are followed by the infinitive.
J'aime **nager**. – I like swimming.
Je voudrais **utiliser** le sauna. – I would like to use the sauna.
Je déteste **jouer** au cricket. – I hate playing cricket.
J'adore **patiner**. – I love skating.
Je n'aime pas **faire** de l'athlétisme. – I don't like doing athletics.

Note that the infinitive is translated in a variety of ways in English.

Grammaire 3.10

3 *Écrire* **Traduis ces phrases en français.**

1 I like doing gymnastics.

2 I like playing squash.

3 I would like to play basketball.

4 I hate swimming.

5 You can skate.

6 I would like to use the sauna.

7 I love working out.

8 You can do archery.

9 Do you like swimming?

10 Can you use the jacuzzi?

4 *Écrire* **Écris une phrase pour chaque activité dans le dépliant.**

> **Exemple:** On peut nager de dix heures et demie à vingt heures.

> 9h15 – neuf heures et quart
> 10h30 – dix heures et demie
> 10h45 – onze heures moins le quart
> 19h00 – dix-neuf heures

Aujourd'hui dans le centre de loisirs

10h30 à 20h00	12h00 à 21h00	11h00 à 19h00	10h30 à 17h00	14h00 à 16h00	9h30 à 11h15

5 *Parler* **À deux. Tu travailles dans un centre sportif. Utilise le dépliant pour répondre aux questions de ton/ta partenaire, le/la client(e).**

▲ Qu'est-ce qu'on peut faire aujourd'hui?

▼ *On peut nager, on peut utiliser le sauna.*

▲ À quelle heure peut-on utiliser le sauna?

▼ *On peut utiliser le sauna entre midi et vingt et une heures.*

6 *Écouter* **Écoute le message sur le répondeur automatique et note les activités et les heures en anglais. (1–7)**

> **Exemple: 1** Archery 10.00–12.00

7 *Parler* **Tu dois enregistrer un message avec les horaires des activités sur le répondeur automatique du centre sportif. Invente des détails.**

> **Exemple:** Bienvenue au centre sportif de la Vallée. Voici les activités pour aujourd'hui, lundi dix juin. On peut faire de la musculation entre neuf heures et demie et onze heures … On peut …

2 Je voudrais réserver un court de badminton

1 *Lire* **Lis la conversation et trouve les phrases en français.**

Allô! Ici le centre sportif de la Vallée. Est-ce que je peux vous aider?

Bonjour! Je voudrais réserver un court de tennis, s'il vous plaît.

Oui, mademoiselle. Pour combien de personnes?

Pour deux personnes. C'est combien?

C'est 12€ de l'heure.

Est-ce qu'il y a une réduction pour les étudiants?

Oui, pour les étudiants, c'est 8€ de l'heure. Quand voudriez-vous jouer?

Lundi entre dix heures et onze heures, ça va? C'est pour deux étudiants.

Oui. Votre nom, s'il vous plaît?

Marceau.

1 I would like to reserve a tennis court.

2 Your name, please?

3 Is there a reduction for students?

4 How much is it?

5 For how many people?

6 When would you like to play?

7 Can I help you?

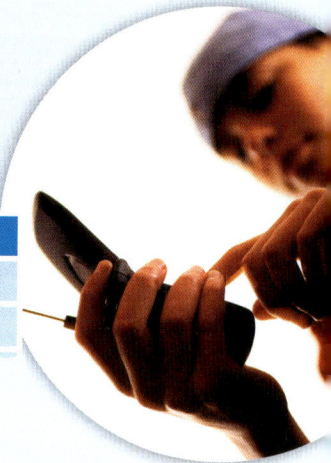

2 *Écouter* **Écoute les conversations, puis copie et note les détails dans l'agenda. (1–5)**

Jour	Nom	Activité	Nombre	Prix	Heures
lundi	Marceau	Tennis	2 (étudiants)	8€/heure	10h00–11h00
mardi					
mercredi					
jeudi					
vendredi					

Grammaire 3.9

en contexte

You can form questions where you expect a 'yes'/'no' answer by using **Est-ce que/Est-ce qu'** before the sentence.

Est-ce qu'il y a une réduction pour les membres? – Is there a reduction for members?

Don't confuse this with **Qu'est-ce que/Qu'est-ce qu'**, which means 'what':
Qu'est-ce qu'il y a pour les enfants? – What is there for children?

3 *Parler* **À deux. Fais une réservation au centre sportif. Utilise la conversation de l'exercice 1 pour t'aider.**

4 *Écrire* **Écris un e-mail au centre sportif pour faire une réservation pour ton/ta chef.**

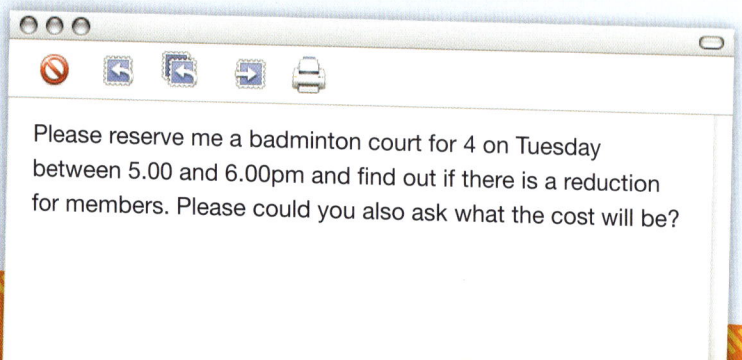

Please reserve me a badminton court for 4 on Tuesday between 5.00 and 6.00pm and find out if there is a reduction for members. Please could you also ask what the cost will be?

5 *Lire* **Lis le texte et écris les réponses aux questions en français.**

Bienvenue au centre sportif de la Vallée!

Venez au centre sportif de la Vallée. Situé à 200 mètres de la gare, le centre vous offre beaucoup d'activités pour toute la famille.

Les heures d'ouverture
Du lundi au vendredi de 9h à 21h
Le week-end de 10h à 22h

Piscine avec 3 toboggans géants, piscine à vagues, rivière à contre-courant, bassin d'aquagym, 5 courts de tennis, terrain de jeux illuminé, 4 courts de squash, gymnase, salle de musculation, patinoire, sauna, solarium, jacuzzi.

Nos cours
Pour les enfants de 8 ans à 12 ans

Cours de natation	lundi	16h00–17h00
Cours de tennis	mardi	15h30–16h30
Cours de football	vendredi	17h00–18h00
Cours de gymnastique	samedi	10h00–11h00

Tous les cours pour les enfants coûtent 10€ par heure.

Pour les adultes

Cours de natation	lundi	19h00–20h00
Cours d'aérobic	jeudi	10h00–11h00
Cours de basket	vendredi	20h00–21h00
Cours de danse	samedi	11h00–12h00

Les cours pour les adultes coûtent 12€ par heure.

Tarif

Une séance dans la piscine (2 heures)	10€ adultes/8€ enfants
Le solarium (30 minutes)	15€ adultes/enfants interdits
Le jacuzzi	gratuit (dans la piscine)
Le sauna	gratuit (dans la piscine)

Cartes d'abonnement pour la salle de musculation
Carte annuelle 500€ Carte mensuelle 90€ Admission simple 10€
Nous acceptons les cartes bancaires et les chèques de voyage.

1 Où est le centre sportif de la Vallée?

2 Quelles sont les heures d'ouverture?

3 Qu'est-ce qu'il y a dans le centre sportif?

4 C'est combien, le cours de danse?

5 C'est quand, le cours de tennis?

6 C'est combien, l'entrée à la piscine?

7 C'est combien, une carte annuelle pour la salle de musculation?

> L'entrée **coûte** …
> Les cours **coûtent** …

> **par séance** – per session

6 *Lire* **Relis et trouve dans la page web:**

– six cognates (sauna, …)

– two false friends

7 *Écouter* **Relis le texte de l'exercice 5. Écoute et décide: c'est vrai ou faux? (1–10)**

Exemple: **1** Vrai

8 *Parler* **À deux. Utilise les questions dans l'exercice 5 pour préparer une conversation avec ton/ta partenaire. Invente aussi d'autres questions.**

3 Je voudrais louer une raquette

1 *Lire* **Trouve le bon mot pour chaque image.**

Exemple: **a** une balle de golf

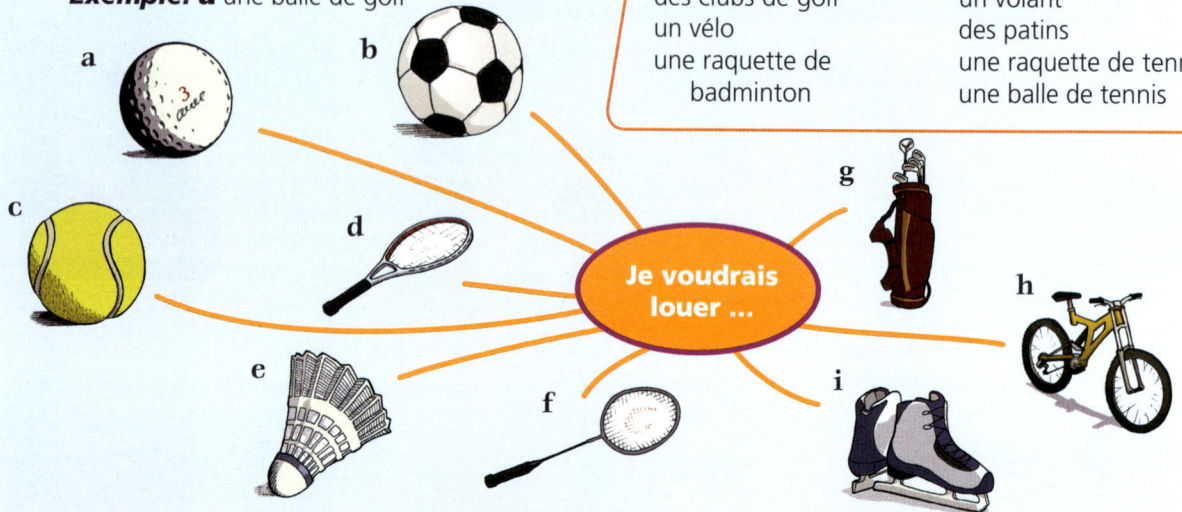

un ballon de football	une balle de golf
des clubs de golf	un volant
un vélo	des patins
une raquette de badminton	une raquette de tennis
	une balle de tennis

a   b

c   d

Je voudrais louer …

g

h

e   f   i

2 *Écouter* **Écoute les conversations à la réception et note ce qu'ils voudraient louer, le prix et la caution. (1–5)**

Exemple: **1** une raquette de badminton, gratuit – 10€

la caution – the deposit

	Prix	Caution
	gratuit	2€
	gratuit	2€
	1€ de l'heure	8€
	2€ par séance	15€
	2€ par séance	12€
	gratuit	10€
	20€ par jour	50€
	3€ par séance	Vos chaussures!

3 *Parler* **À deux. Tu travailles à la réception. Les clients veulent louer un équipement. Prépare les conversations utilisant la liste des prix.**

▲ Bonjour! Je voudrais louer une raquette de tennis, s'il vous plaît. C'est combien?

▼ *C'est 2€ par séance, s'il vous plaît, madame.*

▲ Il faut payer une caution?

▼ *Oui. Il faut payer 15€.*

4 Lire Trouve la phrase qui correspond à chaque panneau dans le centre sportif.

Exemple: **a** 13

1 Interdit de fumer
2 N'entrez pas ici avec vos chaussures
3 Poussez
4 Il faut payer à la caisse
5 Enfermez vos effets personnels
6 Plongée interdite
7 Jetez vos déchets dans les poubelles
8 Chaussures de sport obligatoires dans la salle de sport
9 Tirez
10 Défense de courir
11 Il faut utiliser la douche avant d'entrer dans la piscine
12 Défense d'entrer
13 Bonnets obligatoires

5 Écouter Écoute et écris la lettre du panneau pour chaque instruction. (1–10)

Exemple: **1** d

6 Écrire Dessine un poster avec une liste de règlements pour un centre sportif.

Grammaire 3.8

en contexte

Signs use the formal imperative (the **vous** form).
Jetez – Throw   **Utilisez** – Use   **Enlevez** – Take off

You will also see **il faut** + the infinitive.
Il faut utiliser la douche. – You must use the shower.

The negative imperative is used to tell you *not* to do something.
N'entrez **pas** ici avec vos chaussures. – No entry with shoes.

interdit and **défense de** are also used to say what you mustn't do.
Plongée **interdite** – No diving   **Défense** de fumer – No smoking

7 Écouter Écoute la conversation dans le centre sportif et réponds aux questions en anglais.

1 What two special features are mentioned in the swimming pool?
2 How much does a family ticket to the pool cost?
3 What are the opening hours of the ice rink?
4 What special event takes place in the ice rink this evening and at what time is it?
5 How much does it cost to hire ice-skates?
6 When does the woman want to play badminton?
7 How much will an hour of badminton cost?
8 How much will it cost to hire a racquet?

4 J'ai perdu mon sac!

J'ai perdu ...

mon manteau
mon portefeuille
mon pull-over
mon t-shirt
mon sac
mon porte-monnaie

mes chaussures de sport
mes clefs
mes patins

ma carte de crédit
ma serviette
ma veste
ma raquette
ma montre

1 *Écrire* Écris ce que tu as perdu.

Exemple: **1** J'ai perdu mon pull-over.

1 2 3 4
5 6 7 8
9 10 11 12

2 *Parler* À deux. Ton/Ta partenaire donne un numéro et tu dis ce que tu as perdu.

Exemple:

▲ neuf

▼ J'ai perdu mes patins.

3 *Écouter* Écoute et écris en anglais ce qu'ils ont perdu et où. (1–5)

Exemple: **1** Keys in café

Dans ...
le café la piscine les vestiaires la salle de sport
la salle de musculation les toilettes la patinoire

en contexte

Grammaire 2.3

French has different words for 'my', 'your', etc., depending on whether the noun following is masculine, feminine or plural.

	Masc. singular	Fem. singular	Plural (masc. + fem.)
my	**mon** portefeuille	**ma** raquette	**mes** clefs
your (**vous** form)	**votre** sac	**votre** veste	**vos** patins

4 *Lire* Lis la conversation et trouve les phrases en français.

Excusez-moi, madame. J'ai besoin de votre aide. J'ai perdu mon sac.

Oui, monsieur. Vous avez perdu votre sac où exactement?

Je ne suis pas sûr. J'ai été dans la salle de musculation, dans le café et dans les vestiaires.

Il est comment, votre sac?

Mon sac est grand, noir et en plastique et il y a un portefeuille dedans.

Vous avez cherché dans les vestiaires?

Bien sûr, mais il n'y est pas!

Attendez un instant. Je vais faire une annonce au haut-parleur et si quelqu'un a trouvé votre sac, il peut l'apporter ici.

1 I need your help.

2 I have lost my bag.

3 Where did you lose your bag exactly?

4 What does your bag look like?

5 Have you looked in the changing rooms?

6 I will make an announcement on the loudspeaker.

rouge	jaune	vert	bleu	noir
blanc	marron	violet	orange	rose

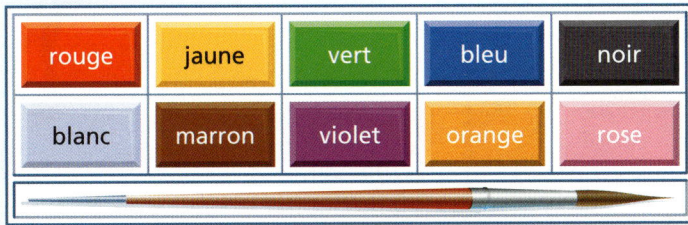

grand – big
de taille moyenne – medium sized
petit – small

en contexte

Grammaire **2.2**

In French adjectives agree; that is, they have different endings depending on whether the nouns they are with are masculine or feminine, singular or plural.

Masc. singular	Fem. singular	Masc. plural	Fem. plural
mon sac est petit et bleu	ma raquette est bleue et blanche	mes patins sont grands et noirs	mes chaussures de sport sont petites et violettes

5 *Parler* À deux. Invente une conversation en changeant les mots soulignés dans l'exercice 4.

6 *Écouter* Écoute les conversations, puis copie et remplis la grille. (1–5)

	Objet perdu	Description	Où
1	Veste	Petite, noire, en laine	Vestiaires
2			

7 *Écrire* Tu travailles au centre de loisirs. Tu as noté tous les objets perdus en anglais. Maintenant, écris un mémorandum à ton/ta chef en français.

blue sports bag – changing rooms
yellow towel – swimming pool
brown wallet – café
red coat – toilets
silver watch – fitness suite
white tennis racquet – sports hall

Mémorandum

Date:
De:
À:

Voici les objets trouvés cette semaine dans le centre de loisirs.
Dans les vestiaires, on a trouvé …
Dans la piscine, …

5 On fait un sondage

➤ Asking about routine and preferences

➤ Giving reasons using **parce que** and **pour**

1 *Écouter* **Un sondage dans le centre sportif. Copie la grille et note les réponses des clients. Choisis les réponses dans les cases. (1–5)**

	a Quels sports pratiquez-vous?	b Quand faites-vous du sport?	c Pourquoi faites-vous du sport?	d Quel est votre sport préféré et pourquoi?
1	la natation, la musculation, le tennis	tous les jours	pour être en forme	tennis – aime les sports de raquette
2				

a

le tir à l'arc	le hockey sur glace	le ski
le foot	la musculation	la voile
le basket	le judo	le rugby
la natation	la gymnastique	le canoë
l'athlétisme	le patinage	le snowboard
le tennis	le karaté	la boxe
le surf		

b

souvent	tous les jours
quelquefois	rarement
trois fois par semaine	tous les samedis

c

pour être en forme
pour s'amuser
pour rencontrer des amis
pour se relaxer
pour maigrir

d

parce que	j'aime
	j'adore

les sports d'équipe
les sports individuels
les sports de combat
les sports de raquette
les sports nautiques
les sports d'hiver

2 *Écrire* **Fais une liste des sports dans chaque catégorie dans la section d de la grille.**

Exemple: Les sports d'équipe

Le football

Le hockey

Le volley-ball

Le rugby ....

en contexte

Grammaire 4.3

Use **parce que** (because) and **pour** (in order to) to give a reason or state a purpose.

Mon sport préféré, c'est le ski **parce que** j'aime les sports d'hiver. –
My favourite sport is skiing because I love winter sports.

Je fais de la gymnastique **pour** être en forme. –
I do gymnastics in order to keep fit.

Note that **pour** is followed by the infinitive.

3 *Lire* Choisis l'image qui correspond à chaque personne.

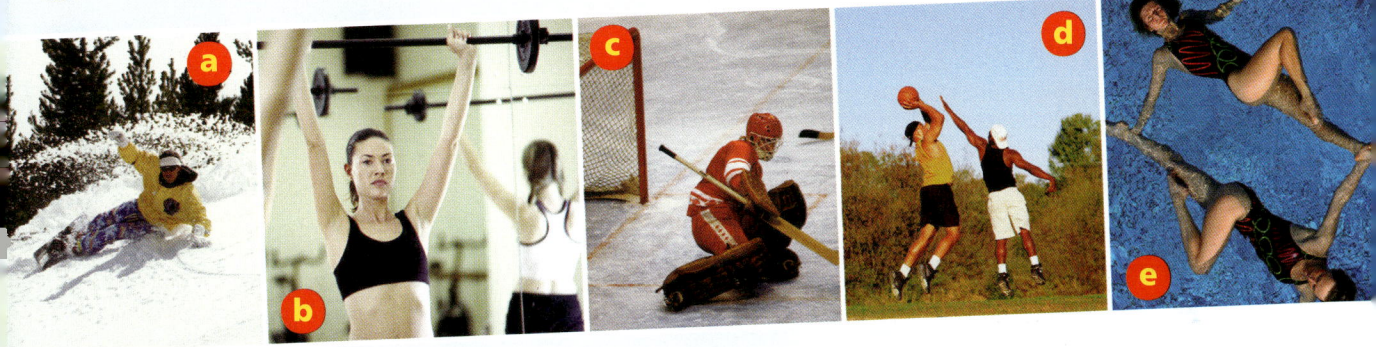

Lucie

1 Je ne suis pas très sportive, mais une fois par semaine, je vais à la piscine et je fais un cours de natation synchronisée. C'est bon pour la forme.

Patrick

2 Moi, j'adore les sports d'hiver. Au mois de décembre, je vais dans les Alpes en vacances avec ma famille et on se relaxe! L'hôtel est génial avec une piscine couverte et un sauna. C'est super!

Jean

3 J'aime sortir avec mes copains pour jouer au basket dans le centre de loisirs. J'en fais tous les vendredis. Moi, je préfère les sports d'équipe. Je n'aime pas les sports individuels comme la natation et la musculation!

Aimée

4 Dans le centre sportif, il y a une salle de musculation géniale. J'y vais tous les jours. Je préfère les sports individuels. Je déteste les sports d'équipe comme le hockey et le basket.

Luc

5 Mon sport favori, c'est le hockey sur glace. Je suis membre d'une équipe et j'ai des matchs tous les samedis et l'entraînement le jeudi soir. Je m'amuse beaucoup parce que c'est passionnant comme sport!

4 *Lire* Relis les textes et remplis les blancs dans les phrases.

1 Jean aime jouer au _basket_ .

2 Jean n'aime pas les sports _____ .

3 Lucie nage une fois par _____ .

4 Aimée déteste les sports _____ .

5 Patrick adore les sports _____ .

6 Aimée aime faire de la _____ .

7 Lucie fait du sport pour être en _____ .

8 Luc joue au hockey sur glace pour _____ .

9 Jean fait du sport pour rencontrer des _____ .

5 *Parler* À deux. Discute de ces sports avec ton/ta partenaire. Utilise la conversation pour t'aider. Change les mots en rouge.

▲ Quels sports pratiques-tu?

▼ *Je joue au basket, je nage et je fais du judo.*

▲ Quand fais-tu du sport?

▼ *Tous les samedis.*

▲ Pourquoi fais-tu du sport?

▼ *Je fais du sport pour être en forme.*

▲ Quel est ton sport préféré et pourquoi?

▼ *Mon sport préféré, c'est le judo parce que j'aime les sports de combat.*

À l'oral

1 Jeu de rôle
You are visiting a sports centre in France.

A
- ◆ Say you have reserved a tennis court.
- ◆ Give your name.
- ◆ Ask how much it is to hire a racquet.

B
- Votre nom, s'il vous plaît.
- Ah oui!
- 10€, s'il vous plaît.

2 Jeu de rôle
You are working at a sports centre in France and deal with customers at the desk.

A
- ◆ Quelles sont les heures d'ouverture?
- ◆ Qu'est-ce qu'on peut faire ici?
- ◆ C'est combien pour jouer au badminton?
- ◆ C'est combien pour louer une raquette?

B
- 10.00-22.00 every day
-
- 10€ an hour
- Free but deposit of 20€

A
- ◆ Excusez-moi. J'ai perdu mon sac.
- ◆ Je ne sais pas. J'ai été dans le café.
- ◆ Il est petit, bleu et en cuir.

B
- Where did you lose it?
- What is it like?
- What is your name?

Mini presentation

You are working at a leisure centre near where you live. A French school party is coming to the centre and you have been asked to give them information in French.

1 Introduce yourself and the centre
Bonjour! Je m'appelle ... et je travaille dans le centre de loisirs de ... Le centre est situé ...

2 Opening hours
Le centre est ouvert du ... au ... de ... à ...

3 Facilities of the sports centre
Dans le centre, il y a ...
On peut ...

4 Courses running
Il y a des cours pour les adultes et les enfants. Par exemple, le lundi, il y a un cours de ... de ... à ...

5 Prices of activities
Le cours de ... coûte ...
Pour jouer au ..., ça coûte ...
On peut louer ..., ça coûte ... pour ...

It is a good idea to practise with a partner and get some comments from them on your performance. You could also record some practice presentations on tape so that you can time them and listen to see if they sound fluent.

À l'écrit

1 You are working in a sports centre. Write an e-mail in French to describe what courses are on this week. Use the information below.

>> Courses this week

Day	Activity	Times
Mon	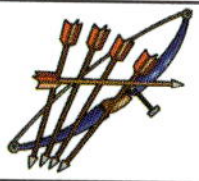	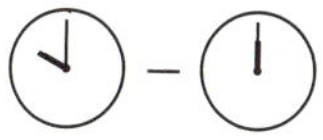
Tues		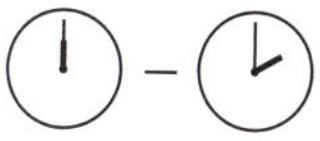
Wed		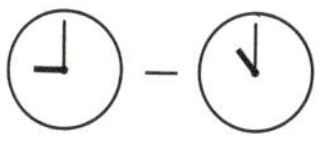
Thurs		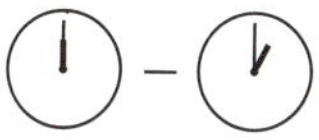
Fri		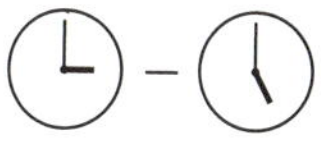

Review the structures introduced and practised in the module using the **en contexte** boxes in preparation for the **À l'oral** and **À l'écrit** activities.

2 Design a web page describing a sports centre. Include the following information:

LE CENTRE SPORTIF DE ...

- Location
- Opening times
- Activities
- Lost property – you could include this! See page 43.

Le centre sportif de ... est situé ...

Les heures d'ouverture sont de ... à ...

Les activités. On peut ...

Extra: Objets trouvés cette semaine

Try to organise your vocabulary into topic lists as you progress through your course. You will then find it much easier to tackle writing tasks like the web page one above. This will also make revision simpler.

Ce qu'on peut faire — *What you can do*

Qu'est-ce qu'on peut faire?	*What can you do?*
On peut faire …	*You can do/go …*
du patin à glace	*skating*
du tir à l'arc	*archery*
de l'athlétisme	*athletics*
de la danse	*dancing*
de la gymnastique	*gymnastics*
de la musculation	*a workout*
On peut jouer …	*You can play …*
au badminton	*badminton*
au basket	*basketball*
au foot	*football*
au squash	*squash*
au tennis	*tennis*
On peut utiliser …	*You can use …*
le jacuzzi	*the jacuzzi*
le sauna	*the sauna*
le solarium	*the solarium*
On peut …	*You can …*
nager	*swim*
danser	*dance*
patiner	*skate*
Avez-vous (une piscine)?	*Do you have (a swimming pool)?*
À quelle heure peut-on utiliser (le sauna)?	*At what time can you use (the sauna)?*
aujourd'hui	*today*

Les activités — *Activities*

Je voudrais réserver un court de tennis.	*I'd like to reserve a tennis court.*
Pour combien de personnes?	*For how many people?*
Pour (deux) personnes.	*For (two) people.*
C'est combien?	*How much is it?*
C'est (12€) par séance/ de l'heure.	*It's (€12) a session/an hour.*
Est-ce qu'il y a une réduction pour les étudiants?	*Is there a discount for students?*
Quand voudriez-vous jouer?	*When would you like to play?*
Lundi entre dix heures et onze heures.	*On Monday between 10 and 11.*
C'est pour (deux) étudiants/ adultes/enfants.	*It's for (two) students/ adults/children.*
Votre nom, s'il vous plaît?	*Your name, please?*
les heures d'ouverture	*opening times*
Du lundi au vendredi de 9h à 21h	*From Monday to Friday 9.00–21.00*
gratuit	*free (no charge)*
un cours de natation/ d'aérobic	*a swimming/aerobics class*
L'entrée coûte/Les cours coûtent (12€) par heure.	*Entry costs/The classes cost (€12) an hour.*
le tarif	*price list*

À louer — *For hire*

Je voudrais louer …	*I want to hire …*
un ballon de football	*a football*
un vélo	*a bike*
un volant	*a shuttlecock*
une balle de golf	*a golf ball*
une balle de tennis	*a tennis ball*
une raquette de badminton	*a badminton racquet*
une raquette de tennis	*a tennis racquet*
des clubs de golf	*golf clubs*
des patins	*skates*
Il faut payer une caution?	*Do you need to pay a deposit?*
Il faut payer (15€).	*You need to pay (€15).*

Les panneaux — *Signs*

Interdit de fumer	*Smoking forbidden*
N'entrez pas ici avec vos chaussures	*No entry with shoes*
Poussez	*Push*
Il faut payer à la caisse	*Pay at the till/desk*
Enfermez vos effets personnels	*Lock away your belongings*
Plongée interdite	*Diving forbidden*
Jetez vos déchets dans les poubelles	*Put your rubbish in the bins*
Chaussures de sport obligatoires dans la salle de sport	*You must wear sports shoes in the sports hall*
Tirez	*Pull*
Défense de courir	*No running*
Il faut utiliser la douche avant d'entrer dans la piscine	*You must shower before entering the pool*
Défense d'entrer	*No entry*
Bonnets obligatoires	*Bathing caps compulsory*

Les objets trouvés — *Lost property*

J'ai perdu …	*I've lost …*
mon manteau	*my coat*
mon portefeuille	*my wallet*
mon porte-monnaie	*my purse*
mon pull-over	*my jumper*
mon sac	*my bag*
mon t-shirt	*my t-shirt*
ma carte de crédit	*my credit card*
ma montre	*my watch*
ma raquette	*my racquet*
ma serviette	*my towel*
ma veste	*my jacket*
mes chaussures de sport	*my sports shoes*
mes clefs	*my keys*
mes patins	*my skates*
dans …	*in …*
le café	*the café*
la patinoire	*the ice rink*
la piscine	*the swimming pool*
la salle de musculation	*the gym*
la salle de sport	*the sports hall*
les toilettes	*the toilets*
les vestiaires	*the changing rooms*
Vous avez perdu (votre sac/ vos clefs) où exactement?	*Where did you lose (your bag/your keys) exactly?*
Je ne suis pas sûr(e).	*I'm not sure.*
J'ai été dans le café.	*I was in the café.*
Il est comment, (votre sac)?	*What's it/your bag like?*
Mon sac/Ma raquette est …	*My bag/racquet is …*
grand(e)	*big*
de taille moyenne	*medium-sized*
petit(e)	*little*
blanc(he)	*white*
bleu(e)	*blue*
jaune	*yellow*
marron	*brown*
noir(e)	*black*
orange	*orange*
rose	*pink*
rouge	*red*
vert(e)	*green*
violet(te)	*purple*
en argent	*(made of) silver*
en coton	*(made of) cotton*
en cuir	*(made of) leather*
en daim	*(made of) suede*
en laine	*(made of) wool*
en plastique	*(made of) plastic*
en or	*(made of) gold*
Il y a (un portefeuille) dedans.	*There's (a wallet) inside.*
Vous avez cherché dans (les vestiaires)?	*Did you look in the changing rooms?*
Bien sûr, mais il n'y est pas!	*Yes, but it's not there!*

Mon sport préféré — *My favourite sport*

Quels sports pratiquez-vous?	*What sports do you do?*
Je joue au rugby, je nage et je fais du judo.	*I play basketball, I swim and I do judo.*
le hockey sur glace	*ice hockey*
le patinage	*skating*
le karaté	*karate*
le ski	*skiing*
le canoë	*canoeing*
le snowboard	*snowboarding*
la boxe	*boxing*
le rugby	*rugby*
le surf	*surfing*
le judo	*judo*
Quand faites-vous du sport?	*When do you do sport?*
souvent	*often*
tous les jours	*every day*
quelquefois	*sometimes*
rarement	*rarely*
trois fois par semaine	*three times a week*
tous les samedis	*every Saturday*
Pourquoi faites-vous du sport?	*Why do you do sport?*
Je fais du sport pour …	*I do sport (in order) to …*
être en forme	*keep fit*
m'/s'amuser	*have fun*
rencontrer des amis	*meet friends*
me/se relaxer	*relax*
maigrir	*lose weight*
Quel est votre sport préféré et pourquoi?	*What is your favourite sport and why?*
Mon sport préféré, c'est (le judo) …	*My favourite sport is (judo) …*
parce que j'aime/j'adore …	*because I like/love …*
les sports d'équipe	*team sports*
les sports d'hiver	*winter sports*
les sports de combat	*combat sports*
les sports de raquette	*racquet sports*
les sports individuels	*individual sports*
les sports nautiques	*water sports*

On choisit une destination

➤ Choosing a holiday destination
➤ Expressing preferences

1 *Écouter* **Écoute et note comment ils préfèrent aller en France et pourquoi. (1–9)**

Exemple: **1** en avion – c'est plus rapide

 en avion

 en bateau

 en voiture

en car

en train

 par le tunnel

J'ai	le mal de mer le mal de l'air
On peut	manger dans un restaurant voir la mer visiter les environs
C'est plus/ moins	cher pratique rapide

les environs – the area

plus – more
moins – less
c'est *plus* rapide – it's faster
c'est *moins* cher – it's cheaper

2 *Parler* **À deux. Choisis d'autres destinations avec ton/ta partenaire. Dis comment tu préfères voyager et pourquoi.**

Exemple: Je préfère aller en Belgique par le tunnel parce que j'ai le mal de mer.

3 *Lire* **Fais correspondre.**

1 une auberge de jeunesse
2 un village de vacances
3 un camping
4 un appartement
5 faire du canoë-kayak
6 faire du VTT
7 sauter à l'élastique
8 faire un voyage en montgolfière
9 faire du toboggan aquatique

a do bungee jumping
b go in a hot-air balloon
c play on water slides
d a youth hostel
e campsite
f do canoeing/kayaking
g a flat
h go mountain-biking
i holiday village

4 *Écouter* **Écoute les entretiens avec des étudiants français et remplis la grille. (1–4)**

Destination	Transport	Accommodation	Activities
Larmor	Boat	Holiday village	Canoeing, mountain biking, horseriding
Paris			
Morzine			
Argelès-sur-Mer			

5 *Lire* **Lis les publicités. C'est vrai ou faux?**

Village de vacances Île de Faisan, Larmor
Période d'ouverture mars à novembre
93 gîtes, 2 à 5 lits par gîte
Demi-pension et pension complète
35-45€ par personne et par nuit

Accès:

Gare SNCF Vannes | Gare routière Vannes | Aéroport Lorient

Activités: Catamaran, canoë-kayak, volley, VTT (location), tir à l'arc, excursions accompagnées aux îles

Appartements le Noisetier, Morzine
- Chalets neufs pour 4 personnes.
- 2 chambres, salle de bains, cuisine équipée (lave-vaisselle, four à micro-ondes), coin repas, coin salon avec télé, balcon.
- Le chalet domine le parc de sports: piscine, tennis, palais des sports, patinage, centre équestre, rivière (rafting/canoë-kayak), randonnées, location de VTT, école de parapente, montgolfière, saut à l'élastique.
- Tarifs: 300-400€ par semaine pour 4 personnes.
- Accès: Gare SNCF Cluses.

Aéroport de Genève 80 km

1 Les appartements le Noisetier sont près de l'aéroport de Cluses.

2 Le village de vacances est fermé au mois de décembre.

3 On peut faire du patin à Morzine.

4 Il n'y a pas de piscine dans le village de vacances.

5 On peut regarder la télévision dans les appartements à Morzine.

6 On peut louer des vélos dans le village de vacances.

7 On peut aller au village de vacances en car.

8 Un appartement à Morzine coûte deux cents à trois cents euros par semaine par personne.

6 *Lire* **Trouve les phrases dans les publicités.**

1 Mountain bike hire
2 Paragliding centre
3 Half board and full board
4 Riding centre
5 Guided tours to the islands
6 Dishwasher
7 Walks
8 Coach station

7 *Écrire* **Dessine une publicité pour un camping ou un village de vacances.**

Mentionne:
- Les chambres et les tarifs
- Les activités
- L'accès

2 Je voudrais faire une réservation

➤ Reserving a plane ticket
➤ More on numbers

1 *Lire* **Ton chef décide d'aller à Morzine avec sa famille. Lis la conversation et trouve les phrases en anglais.**

Allô! Je voudrais faire une réservation sur un vol à destination de Genève, s'il vous plaît.

Oui, monsieur. D'où partez-vous, monsieur?

De Londres Heathrow.

Et à quelle date?

Le six mars.

Pour combien de personnes?

Pour quatre personnes.

Il y a trois vols. Préférez-vous le matin, l'après-midi ou le soir?

Le soir, s'il vous plaît. C'est combien?

C'est 250€.

D'accord, 250€.

Attendez, je vais vérifier s'il y a des places sur le vol … Oui, monsieur, il y a des places. C'est le vol qui part à 19 heures. Comment voudriez-vous payer?

Avec la carte de crédit, s'il vous plaît. J'ai une carte Visa.

Quel est le numéro de la carte?

C'est le 7845 6872 3101 au nom de Mr Stephen Martin.

Merci … C'est fait, monsieur.

Merci. Quel est le numéro du vol?

C'est le vol numéro LR4521.

1 I would like to make a reservation on a flight.

2 Where are you travelling from?

3 For what date?

4 Do you prefer the morning, the afternoon or the evening?

5 Wait, I will see if there are seats on the flight.

6 How would you like to pay?

7 What is the flight number?

> Telephone numbers and flight numbers are generally given in pairs:
>
> 02 – 54 – 78
>
> **zéro, deux – cinquante-quatre – soixante-dix-huit**
>
> To review numbers in detail, look at the Grammaire section 5.2.

2 *Parler* **À deux. Jeu de rôle. Utilise les informations ici pour préparer d'autres conversations avec ton/ta partenaire. Change les mots soulignés dans la conversation de l'exercice 1.**

1 Two tickets: London Heathrow – Paris-Charles de Gaulle. 15th February, pm. American Express. Flight 15.00, BN3410

2 Three tickets: Geneva – Paris Orly. 18th July, am. Mastercard. Flight 10.30, SA5412

3 One ticket: London Gatwick – Bordeaux. October 3rd, pm. Visa. Flight 20.00, TH4051

3 *Écrire* **Tu travailles en France. Écris un e-mail à un collègue de bureau – peut-il réserver un vol pour toi? Invente les détails.**

Bonjour!
Pouvez-vous réserver …

4 *Écouter* **Écoute les conversations et choisis la bonne lettre pour chaque phrase.**

Exemple: **1** a

Dialogue 1

1 L'homme voudrait réserver
   a deux **b** trois **c** dix places.
2 Il part de
   a Bordeaux **b** Bruxelles **c** Paris.
3 Il préfère voyager
   a le matin **b** l'après-midi **c** le soir.

Dialogue 2

1 La femme voudrait trois places sur le vol pour
   a Londres **b** Genève **c** Paris.
2 Le vol part à
   a 14 heures **b** 15 heures **c** 16 heures.
3 Le numéro du vol, c'est
   a SA 2245 **b** SA2254 **c** 2354.

5 *Lire* **Tu as lu ces informations sur Internet. Écris un mémorandum à ton chef en anglais. Remplis les blancs dans le texte.**

Billets électroniques

Vous réservez votre billet comme d'habitude, mais le billet n'est pas imprimé sur papier. Il est stocké dans notre système de réservation comme e-ticket.

Vous recevez un reçu par la poste, par fax ou par e-mail.

Les avantages!
1 Plus sûr. Un billet électronique n'est pas oublié, perdu ou volé.
2 Plus rapide. Si vous voulez changer votre réservation, il suffit de nous téléphoner.
3 Moins cher. Les billets électroniques sont exemptés de certaines taxes.

Memo

To: Harry Fowler
From:
Date:

I have found details on-line about making electronic reservations of flight tickets. Your ticket is not ___*printed*___ on paper, but stored electronically. You will get a _____ by post, _____ or e-mail.

The advantages of electronic reservation are it is _____ because an electronic ticket cannot be _____, _____ or _____.

It is also _____ and if you want to change your reservation you only have to _____.

E-tickets are _____ because you do not have to pay certain _____.

3 Location de voitures

➤ Hiring a car
➤ Talking about the future using **aller** + the infinitive

Train + Location de voitures

AVIS SNCF PARTENAIRES

1 *Lire* **Lis les réponses et complète le dialogue avec les bonnes questions. Puis écoute pour vérifier.**

▲ Je voudrais louer une voiture à l'aéroport de Genève.

▲ Je vais arriver de Londres à midi le 3 mai.

▲ Je vais prendre le vol RA3201.

▲ Une petite voiture, une Ford peut-être?

▲ Morel. Ça s'écrit M-O-R-E-L.

▲ Je vais rentrer le 13 mai.

▲ Oui, dix jours.

▲ J'ai une carte Visa. Le numéro, c'est 4929 6735 1254.

▼ *Quand allez-vous arriver, monsieur?*

▼

▼

▼

▼

▼

▼

Quel modèle de voiture préférez-vous?
Alors, ça va être pour dix jours?
Vous voulez la voiture pour combien de temps?
Comment allez-vous payer?
Comment vous appelez-vous?
Quand allez-vous arriver, monsieur?
Quel vol allez-vous prendre?

---

en contexte

Grammaire 3.11

Use **aller** + the infinitive to say what is going to happen in the near future.

Je **vais prendre** le vol numéro WR2315. – I am going to take flight no WR2315.
Quand **allez-vous arriver**? – When are you going to arrive?

je vais	nous allons
tu vas	vous allez
il/elle/on va	ils/elles vont

2 *Lire* **Lis cet e-mail de ton chef et note les détails.**

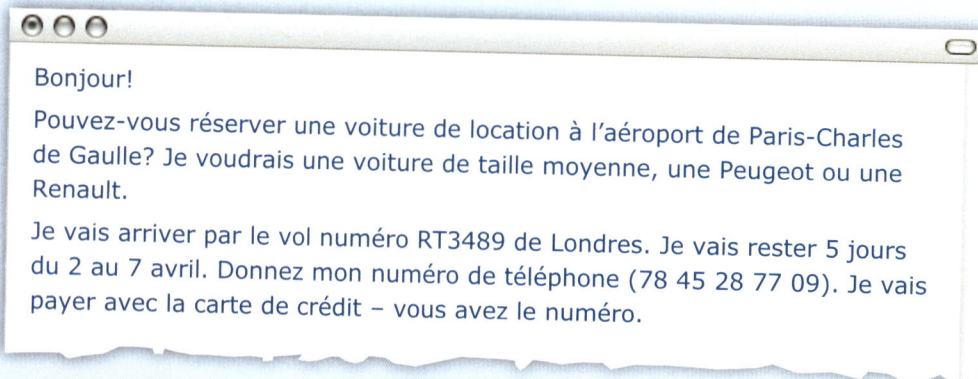

○ ○ ○

Bonjour!

Pouvez-vous réserver une voiture de location à l'aéroport de Paris-Charles de Gaulle? Je voudrais une voiture de taille moyenne, une Peugeot ou une Renault.

Je vais arriver par le vol numéro RT3489 de Londres. Je vais rester 5 jours du 2 au 7 avril. Donnez mon numéro de téléphone (78 45 28 77 09). Je vais payer avec la carte de crédit – vous avez le numéro.

Prends quelques notes pour t'aider:
Aéroport: *Paris-Charles de Gaulle*
Modèle et sorte de voiture:
Numéro du vol:
Dates de location:
Durée de la location:
N° de téléphone:

3 *Parler* **À deux, prépare une conversation pour réserver une voiture. Utilise tes réponses de l'exercice 1 et de l'exercice 2.**

4 *Écouter* **Tu travailles pour une compagnie de location de voitures. Écoute ces messages sur le répondeur automatique et corrige les six erreurs dans la grille. (1–3)**

Nom:	Lenoir	Deladier	Borwin
Aéroport:	~~Gatwick~~ *Stansted*	Paris Orly	Genève
Modèle et sorte de voiture:	Citroën, petite	Ford, grande	BMW, grande
Numéro du vol:	CD 5670	AB 9812	HF 1209
Dates de location:	8-10 décembre	20-23 novembre	4 au 10 mai
Durée de la location:	2 jours	3 jours	7 jours
Numéro de téléphone:	77 ~~54~~ 62 13 40 98 *77 45 62 13 40 98*	02 44 15 02 98	01 68 02 86 54

5 *Écrire* **Complète cet e-mail pour ton chef à l'aide des messages de l'exercice 4.**

> Bonjour!
> Il y a trois messages sur le répondeur automatique.
>
> **1** M. Lenoir voudrait louer une petite Citroën pour 2 jours du 8 au 10 décembre. Il va arriver à Londres par le vol CD5670. Son numéro de téléphone, c'est 77 45 62 13 40 98.

6 *Écouter* **Écoute ces voyageurs qui louent des voitures à l'aéroport et note les détails. (1–5)**

Exemple: 1 *Marque: Renault*
Plaque d'immatriculation: 4113 TN 73
Couleur: bleue

Location de véhicules — ENTRÉE CLIENTS

7 *Parler* **À deux. Location de voitures. Prépare des dialogues avec ton/ta partenaire. Utilise ces images-ci.**

▲ Bonjour! J'ai réservé une voiture au nom de Fredericks.

▼ *Oui, madame, voici les clefs.*

▲ Merci beaucoup.

▼ *C'est une Renault rouge, immatriculée 6356 QE 11.*

a

RENAULT — 6356 QE11

c

VOLKSWAGEN — 2156 SG18

b

PEUGEOT — 49712R60

d

BMW — 2558 XP84

4 On prend le train

➤ Arranging travel by train

➤ Using **quel**

1 *Écouter* Écoute et complète la conversation au guichet.

Bonjour! Je peux vous aider?

Je voudrais un **(1)** _____ pour Dieppe, s'il vous plaît.

Un aller-retour?

Non, un **(2)** _____, s'il vous plaît

En quelle classe, monsieur?

(3) _____ classe, s'il vous plaît, madame. C'est combien?

C'est **(4)** _____, s'il vous plaît.

Le prochain train pour Dieppe part à quelle heure?

Le prochain train part à **(5)** _____, monsieur.

Merci, et il arrive à quelle heure?

Il arrive à **(6)** _____, monsieur.

Et quel est le numéro de la voie?

C'est la voie numéro **(7)** _____.

GARE DU NORD

SNCF

deuxième
10h20
32€
douze
aller simple
11h45
billet

2 *Lire* Trouve les mots dans la conversation de l'exercice 1.

1 ticket – un billet	**3** platform
2 number	**4** next

5 single ticket

6 return ticket

3 *Lire* Lis l'horaire (*timetable*) et la liste des prix et réponds aux questions en français.

Destination	Départ	Arrivée	Voie	Prix (première classe) aller simple	Prix (première classe) aller-retour	Prix (deuxième classe) aller simple	Prix (deuxième classe) aller-retour
Calais	07h40	09h55	2	84€	92€	50,25€	60,30€
Paris	13h25	15h16	6	138€	205€	87€	112€
Bordeaux	13h40	22h45	12	230€	325,40€	119,25€	158,43€

1 Le prochain train pour Paris part à quelle heure?
Le prochain train pour Paris part à treize heures vingt-cinq.

2 Le train pour Calais part de quelle voie?

3 Un aller-retour deuxième classe pour Paris, c'est combien?

4 Le train pour Bordeaux part à quelle heure?

5 Le train arrive à quelle heure à Calais?

6 Un aller simple, première classe pour Bordeaux, c'est combien?

7 Le train pour Paris part de quelle voie?

8 Le train arrive à quelle heure à Bordeaux?

4 *Parler* À deux. Fais d'autres dialogues. Utilise la conversation de l'exercice 1 et les informations dans la grille de l'exercice 3.

5 *Écrire* **Tu as réservé un billet pour ton chef. Écris un e-mail avec tous les détails.**

Mentionne:
- l'heure du départ et d'arrivée
- le billet (aller simple? deuxième classe?, etc.) et le prix
- la voie

en contexte

Grammaire 2.2

quel ('which') is an adjective, so it agrees with the noun.

Masc.	Fem.
quel train?	**quelle** heure?
quels billets?	**quelles** places?

6 *Écouter* **Écoute. Copie et complète la grille. (1–6)**

	Destination	Sorte de billet	Classe	Prix	Départ	Arrivée	Voie
1	Rouen	aller-retour	deuxième	28€	10h10	11h20	3
2							

7 *Lire* **Où faut-il aller pour …**

1 attendre le train s'il fait froid?
2 acheter un billet?
3 prendre le train?
4 entrer dans la gare?
5 sortir de la gare?
6 chercher quelque chose qu'on a perdu?
7 trouver les informations sur les départs des trains?
8 manger un hamburger?
9 se laver les mains?

a le buffet
b le tableau des départs
c les toilettes
d le bureau des objets trouvés
e la salle d'attente
f la voie
g l'entrée
h le guichet
i la sortie

du buffet
du bar
du bureau des objets trouvés
du guichet
du tableau des départs

à côté next to
en face opposite
près near

des toilettes

de la sortie
de la salle d'attente
de l'entrée
de la voie numéro 8

Salle d'attente
Correspondance
Buffet
Toilettes

Rappel:
à gauche – on the left
à droite – on the right
là-bas – over there

8 *Écouter* **Écoute et note en français ce qu'ils cherchent et où c'est. (1–6)**

Exemple: **1** Le buffet est en face de la sortie.

5 Mes vacances en France

1 *Lire* **Lis et complète les phrases.**

Comment étaient les vacances chez nous?

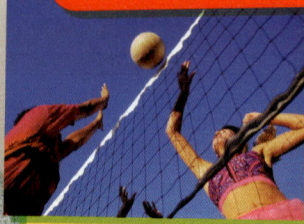

Stephanie

Stephanie, une étudiante anglaise de 17 ans, a passé ses vacances chez nous. Comment a-t-elle trouvé son séjour?

L'année dernière, au mois de juillet j'ai passé mes vacances au bord de la mer. On est allés à Larmor, en Bretagne. D'abord, je suis partie en bateau de Plymouth en Grande-Bretagne, et puis en voiture jusqu'à Larmor. Le voyage était long et ennuyeux! Pendant le voyage, j'ai joué aux cartes. J'y suis allée avec mes parents et mon frère. Nous avons logé dans un village de

vacances. On est restés pendant sept jours. Le village était super et il y avait beaucoup de choses à faire.

On est allés à la plage tous les jours pour se baigner parce qu'il faisait du soleil. J'ai fait de la voile et j'ai appris à faire du canoë-kayak, mais c'était très difficile! Mon frère et moi, nous avons souvent joué au volley sur la plage avec un groupe de jeunes. C'était extra!

Un jour, on est allés au marché et j'ai acheté des souvenirs. Après, on a mangé dans un petit restaurant. Moi, j'ai mangé des moules avec des frites. Elles étaient délicieuses!

Mes vacances étaient vraiment chouettes et je voudrais y retourner l'année prochaine. Cependant, je voudrais y aller avec mes copains la prochaine fois!

1 L'année dernière, Stephanie a passé ses vacances …

2 Pendant le voyage, elle a …

3 Elle est partie en vacances avec …

4 Elle a logé …

5 Elle est restée pendant …

6 Sur la plage, elle a fait …

7 Au marché, elle a acheté …

8 Elle a trouvé les vacances …

il faisait du soleil
– it was sunny

The pronoun **y** means 'there'. It is used to replace **à** + noun.

Je voudrais **y** retourner. I'd like to go back there [au village de vacances].

en contexte

Grammaire 3.12

To talk about what happened in the past, use the perfect tense. It is made up of two parts: the relevant part of **avoir** or **être** and the past participle, **j'ai** joué, **je suis** allé. Past participles of regular verbs are formed like this:

-er verbs   jou~~er~~ – jou**é**   **-ir** verbs   fin~~ir~~ – fin**i**   **-re** verbs   attend~~re~~ – attend**u**

The past participles of irregular verbs need to be learned by heart. See page 175 for details.

Most verbs form the perfect tense with **avoir**, but a few use **être** (mainly verbs of movement, such as **entrer**, **monter**, etc.). When **être** is used, the past participle agrees with the subject of the verb. **Il** est **allé**. **Elle** est **allée**.

2 *Écrire* **Trouve toutes les phrases au passé composé (*perfect tense*) dans l'article.**

> ***Exemple:*** J'ai passé mes vacances au bord de la mer.

3 *Écouter* **Écoute et mets les images dans le bon ordre.**

> ***Exemple:*** d, …
>
> a   b   c
>
> d   e   f   g   h

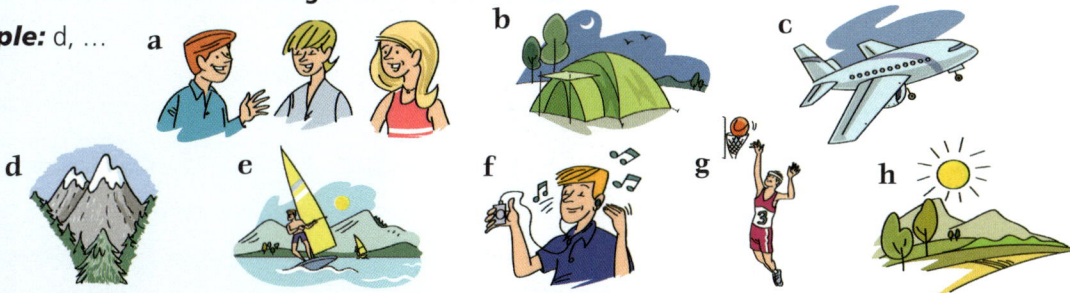

4 *Lire* **Range les mots dans le bon ordre. Puis trouve l'image dans l'exercice 5 qui correspond à chaque phrase.**

1 passé j'ai vacances la à montagne mes

2 suis copains j' allé mes avec y

3 joué j'ai basket au

4 avion en voyagé j'ai

5 la de j'ai musique écouté

6 voile planche à fait j'ai la de

7 camping sommes nous dans un restés

8 faisait soleil du il

5 *Parler* **À deux. Parle de tes vacances avec ton/ta partenaire. Choisis parmi les mots en rouge pour compléter les phrases. Invente les détails!**

▲ Où as-tu passé tes vacances?

▼ *J'ai passé mes vacances en Angleterre/Espagne/France/Grèce/Italie/ Amérique …*

▲ Pendant combien de temps es-tu resté(e)?

▼ *Je suis resté(e) pendant une semaine/deux semaines/quatre jours …*

▲ Avec qui y es-tu allé(e)?

▼ *J'y suis allé avec mes copains/ma famille/mon frère/ma sœur …*

▲ Où as-tu logé?

▼ *J'ai logé dans un appartement/un camping/un gîte/un hôtel/ une auberge de jeunesse …*

6 *Écouter* **Écoute. Copie et complète la grille en français. (1–5)**

	Où?	Combien de temps?	Avec qui?	Logé où?
1	Grèce	2 semaines	copains	hôtel
2				

7 *Écrire* **Écris un paragraphe sur tes vacances de l'année dernière.**

L'année dernière, je suis allé(e) …
Je suis resté(e) pendant …
J'y suis allé(e) avec …
On a logé …
C'était …
J'ai fait …
J'ai joué …
C'était …

À l'oral

1 Jeu de rôle 💬
You are at a railway station in France.

A
- ◆ Bonjour! Je peux vous aider?
- ◆ Quelle classe?
- ◆ C'est 28€.
- ◆ Voie numéro 2.
- ◆ 10h20.
- ◆ 16h30.

B
- Ask for a return ticket to Lyon.
- 2nd class. Ask how much it is.
- Ask which platform.
- Ask what time the train leaves.
- Ask what time it arrives in Lyon.
- Say thank you and goodbye.

2 Jeu de rôle 💬
You make a telephone call to reserve a hire car.

A
- ◆ Say you would like to hire a car at Geneva airport.
- ◆ Give the date and time of your arrival.
- ◆ Give your flight number.
- ◆ Say you prefer a small car, a Peugeot.
- ◆ Give your name and spell your surname.
- ◆ State the number of days you need the car.
- ◆ Say you will pay by credit card and give the type and number.

B
- Quand allez-vous arriver?
- Quel vol allez-vous prendre?
- Quel modèle de voiture préférez-vous?
- Comment vous appelez-vous?
- Vous voulez la voiture pour combien de temps?
- Comment allez-vous payer?
- Merci beaucoup.

Mini presentation

Talk for no less than one minute about your last holiday using the perfect tense. This does not need to be true! Listen to your partner talk about his or her holiday. Use a timer to check that he/she talks for long enough!

Where you went	→	L'année dernière, je suis allé(e) …
How long you stayed	→	Je suis resté(e) pendant …
Who you went with	→	J'y suis allé(e) avec …
Where you stayed	→	On a logé … C'était …
What you did	→	J'ai fait … j'ai mangé J'ai joué … j'ai visité …
Opinion of the holiday	→	C'était …

Try to use just pictures/single words as prompts when you are giving your presentation. This will help to prepare you for your exam presentation which is to be recorded on tape. You could use cards or one small sheet with your pictures and words on.

À l'écrit

1 Write an e-mail to Jacques in the French office of your company asking him to reserve a hire car.

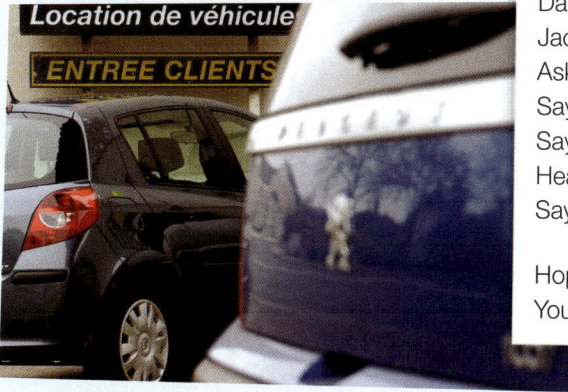

Location de véhicule
ENTREE CLIENTS

Date
Jacques
Ask if he can reserve a hire car at Lyons airport.
Say you would like a medium-sized car and give the make.
Say you will be arriving on flight FG2817 from London Heathrow.
Say you would like the car for 3 days from 5th to 8th May.

Hoping to hear from you (Dans l'attente de vous entendre)
Your name

2 Write a report for the newspaper of your French company describing a visit you made this year to France and your plans for next year when you are hoping to visit a different area of the country. Research two different French destinations to write your report.

Make your work more interesting by using connectives (linking words) such as:
d'abord – first of all
après – afterwards
finalement – finally
souvent – often
quelquefois – sometimes
cependant – however
mais – but

L'année dernière, je suis allé(e) …
Je suis resté(e) pendant …
J'y suis allé(e) avec …
On a logé … C'était …

Introduction

Where you went
How long you stayed
Who you went with
Where you stayed

Paragraph 1

What there was
What you did

Il y avait …
J'ai fait … j'ai mangé …
J'ai joué … j'ai visité …

Paragraph 2

Opinion of the holiday

C'était …

Paragraph 3

What you are going to do

L'année prochaine, je vais …

Module 4 Mots

Comment préférez- vous voyager? — *How do you prefer to travel?*

Je préfère voyager …	*I prefer travelling …*	le mal de l'air	*airsick*
en avion	*by plane*	On peut …	*You can …*
en bateau	*by boat*	manger dans un restaurant	*eat in a restaurant*
en car	*by coach*	voir la mer	*see the sea*
en voiture	*by car*	visiter les environs	*see the area*
en train	*by train*	C'est plus/moins …	*It's more/less …*
aller par le tunnel	*through the Tunnel*	cher	*expensive*
J'ai …	*I get …*	pratique	*practical*
le mal de mer	*seasick*	rapide	*quick*

En vacances — *On holiday*

l'appartement	*flat*	ouvert(e)	*open*
la caravane	*caravan*	l'aéroport (m)	*airport*
la cuisine équipée	*fully equipped kitchen*	la gare routière	*coach station*
le chalet	*chalet*	la gare SNCF	*railway station*
le gîte	*cottage*	le centre équestre	*horse-riding centre*
le four à micro-ondes	*microwave*	la location (de VTT)	*(mountain-bike) hire*
le lave-vaisselle	*dishwasher*	la montgolfière	*hot-air ballooning*
demi-pension/pension complète	*half-board/full board*	le parapente	*paragliding*
par personne/nuit/semaine	*per person/night/week*	le saut à l'élastique	*bungee-jumping*
compris(e)	*included*	les excursions accompagnées (f)	*guided tour*
fermé(e)	*closed*	les randonnées (f)	*walks, hikes*
neuf/neuve	*new*	les toboggans aquatiques (m)	*water slides*

Faire une réservation sur un vol — *Booking a flight*

Je voudrais faire une réservation sur un vol …	*I want to book a flight …*	Je vais vérifier s'il y a des places sur le vol.	*I'll check if there are seats on the flight.*
à destination de (Paris)	*(going) to (Paris)*	Il y a des places.	*There are seats.*
D'où partez-vous?	*Where are you travelling from?*	C'est le vol qui part à (16h00).	*It's the (16.00) flight.*
De (Londres Heathrow).	*From (London Heathrow).*	Comment voudriez-vous payer?	*How would you like to pay?*
À quelle date?	*For which date?*	Avec la carte de crédit.	*With a credit card.*
le (neuf novembre)	*(9th November)*	J'ai une carte (Visa).	*I have a (Visa) card.*
Pour combien de personnes?	*For how many people?*	Quel est le numéro de la carte?	*What is the number of the card?*
Pour (quatre) personnes.	*For (four) people.*	C'est le … au nom de …	*It's … in the name of …*
Préférez-vous le matin, l'après-midi ou le soir?	*Do you prefer the morning, afternoon or evening?*	Quel est le numéro du vol?	*What's the flight number?*
C'est combien?	*How much is it?*	C'est le vol numéro …	*It's flight number …*

Location de voitures / Car hire

Je voudrais louer une voiture.	I'd like to hire a car.
à l'aéroport de (Genève)	at (Geneva) airport
Quand allez-vous arriver?	When will you be arriving?
Je vais arriver de (Paris) …	I will be arriving from (Paris) …
Quel vol allez-vous prendre?	Which flight are you taking?
Je vais prendre le vol (RA3201).	I'm taking flight (RA3201).
Quel modèle de voiture préférez-vous?	Which make do you prefer?
une petite/grande voiture	a little/big car
une voiture de taille moyenne	a medium-sized car
Ça s'écrit …	That's spelled …
Vous voulez la voiture pour combien de temps?	How long do you want the car?
Je vais rentrer le (13 mai).	I am coming back on (13th May).
pour (deux jours)	for (two days)
du (8) au (10) décembre	from (8th) to (10th) December
la marque	model
la plaque d'immatriculation	number plate

Par le train / By train

Je peux vous aider?	Can I help you?
un billet pour Dieppe	a ticket for Dieppe
un aller simple	a single
un aller-retour	a return
En quelle classe?	Which class?
première/deuxième classe	first/second class
Le prochain train pour Dieppe part à quelle heure?	When does the next train to Dieppe leave?
Il arrive à quelle heure?	When does it arrive?
Quel est le numéro de la voie?	What is the platform number?
C'est la voie numéro (sept).	It's platform (seven).

À la gare / At the station

à côté …	next to …
en face …	opposite …
près …	near …
du bar	the bar
du buffet	the snack bar
du bureau des objets trouvés	the lost property office
du guichet	the ticket office
du tableau des départs	the departures board
de l'entrée	the entrance
de la salle d'attente	the waiting room
de la sortie	the exit
de la voie numéro 8	platform 8
des toilettes	the toilets

Comment était? / How was it?

Où avez-vous passé vos vacances?	Where did you spend your holidays?
l'année dernière	last year
j'ai passé (mes vacances)	I spent (my holidays)
Pendant combien de temps êtes-vous resté(e)?	How long did you stay there?
Je suis resté(e) pendant (une semaine).	I stayed (a week).
Avec qui y êtes-vous allé(e)?	Who did you go with?
J'y suis allé(e) avec (ma famille).	I went with (my family).
Où avez-vous logé?	Where did you stay?
J'ai logé dans (un appartement).	I stayed in (a flat)
Je suis parti(e)	I went
j'ai/on a …	I/We …
acheté/appris/fait	bought/learned/made/did
joué/mangé	played/ate
bu/eu/vu/voulu	drank/had/saw/wanted
écrit/pris	wrote/took
nous avons joué	we played
on est allés	we went
on y est restés	we stayed there
Le voyage était long.	The journey was long.
Il y avait beaucoup de choses à faire.	There was lots to do.
Il faisait du soleil.	It was sunny.
C'était extra/très difficile.	It was great/very difficult.
Elles étaient délicieuses.	They were delicious.

1 Pour aller au marché?

> ➤ Getting around town
> ➤ Using **à** and **de** to talk about locations

1 *Écouter* Écoute et note ce qu'il y a dans ces villes. (1–3)

	Il y a un/une	Il y a beaucoup de	Il n'y a pas de
1	musée, …		
2			

un

camping	office de tourisme
château	jardin public
commissariat	stade
hôpital	centre commercial
marché	hypermarché
musée	magasin

une

banque	poste
cathédrale	bibliothèque
gare	mairie
piscine	église
discothèque	

2 *Lire* Regarde le plan. Tu arrives où?

1 Prenez la deuxième rue à droite et c'est à droite, en face de la piscine. *Le commissariat*

2 Prenez la première rue à droite et c'est à gauche.

3 Prenez la troisième rue à gauche et c'est à droite, en face du musée.

4 Prenez la deuxième rue à gauche et c'est à gauche, à côté de la cathédrale.

5 Prenez la troisième rue à droite et c'est à gauche, en face de l'hôpital.

6 Prenez la troisième rue à gauche et c'est à droite, à côté du château.

en contexte

Grammaire 4.1

Pour aller ...?	En face/à côté	
au	du	camping château commissariat marché musée stade
à la	de la	banque cathédrale gare piscine poste
à l'	de l'	hôpital

3 *Écouter* **Écoute, regarde le plan de l'exercice 2 et écris ta destination. (1–6)**

Exemple: **1** la gare

4 *Parler* **À deux. Tu travailles à l'office de tourisme dans cette ville. Utilise le plan et imagine des conversations avec ton/ta partenaire.**

▲ Excusez-moi, monsieur. Pour aller à la poste, s'il vous plaît?

▼ *Prenez la première rue à gauche et la poste est à droite, en face de la banque.*

5 *Écouter* **Note ce qu'ils cherchent et la distance en anglais. (1–8)**

Exemple: **1** station, 10 mins

6 *Parler* **À deux. C'est loin? Dans le centre de ta ville, tu réponds à une touriste française.**

▲ C'est loin, la gare?

▼ *C'est à dix minutes à pied.*

> **c'est (assez) loin** – it's quite far
> **c'est à cinq minutes à pied** – it's five minutes on foot
> **c'est tout près** – it's very near
> **c'est à environ 500 mètres** – it's about 500 metres away
> **c'est à deux kilomètres** – it's two kilometres away

2 Qu'est-ce qu'il y a comme animations?

a

Friday 24 July
3.00 pm – 11.00 pm

Sports field

Market and funfair
(from 4.00 pm)

Carnival procession
through the streets
(from 3.00 pm)

Sports field

Grand Firework
display (9.00 pm)

b

FOOTBALL TOURNAMENT
10 TEAMS
STADIUM
SATURDAY 25TH JULY
KICK OFF 11.00 AM
MATCHES TILL 5.00 PM

c

Rock Concert
with 3 local bands

Grand Theatre, town centre
Saturday 25th July
8.00 pm – midnight

d

*Grand ball
and gala
dinner*

Regency Hotel

Saturday 25th July
8.30 – 11.30 pm

e

Swimming competition
for all ages
Indoor pool
Sunday 26th July
3.00 pm

f

Variety show
Comedy and song

Grand Theatre
Sunday 25th July
7.30 pm - 11.30 pm

1 *Lire* **Lis les posters, puis copie et remplis les blancs pour prendre des notes pour les visiteurs français.**

Il y a une grande fête en ville ce week-end. **Vendredi** à trois heures, il y a un **(1)** _____ dans les rues. Sur le **(2)** _____, il y a un **(3)** _____ et une **(4)** _____ et le soir, il y a un **(5)** _____.

Samedi, il y a un **(6)** _____ de foot avec **(7)** _____ équipes dans le stade. **(8)** _____, il y a deux événements. Dans le théâtre au centre-ville, on peut voir trois groupes de rock. Le **(9)** _____ commence à huit heures. Il y a aussi un grand bal et **(10)** _____ dans l'hôtel Regency.

Dimanche, il y a un **(11)** _____ de natation à la piscine. Le soir, il y a un **(12)** _____ dans le Grand Théâtre à sept heures et demie.

Pour les prix et pour plus de renseignements, téléphonez à l'office de tourisme.

le soir	défilé
dix	concours
marché	tournoi
terrain de sport	dîner
spectacle	feu d'artifice
concert	fête foraine

2 *Écouter* **Écoute les conversations. Regarde les posters et note en anglais l'erreur dans chaque conversation. (1–5)**

Exemple: 1 Market begins at 4.00, not at 5.00

le marché – market
le bal – ball
le spectacle – show
le concert – concert
le défilé – procession
le concours – competition
le tournoi – tournament
le feu d'artifice – fireworks
la fête foraine – funfair

3 *Parler* Tu travailles dans un office de tourisme en Angleterre. Il y a une fête ce week-end. Utilise les posters pour répondre aux questions d'un touriste français (ton/ta partenaire).

▲ Qu'est-ce qu'il y a comme animations ce week-end?

▼ *Ce week-end, il y a une grande fête en ville.*

▲ Qu'est-ce qu'il y a vendredi/samedi/dimanche?

▼ *Le matin/l'après-midi/le soir, il y a … dans … à …*

▲ Ça commence à quelle heure?

▼ *Ça commence à … et finit à …*

4 *Lire* C'était comment? Ces jeunes Français ont assisté à la fête dans ta ville. Réponds aux questions en anglais.

Yves
J'ai participé au tournoi de football. Mon équipe a gagné le tournoi! C'était passionnant!

Marylise
Je suis allée au bal samedi soir. On a dansé toute la soirée et on a bien mangé. C'était chouette!

Jean-Claude
Je suis allé au concert de rock avec mes copains. Les groupes étaient spectaculaires, mais c'était très cher. Les billets ont coûté £30!

Luc
Je suis allé au défilé vendredi. C'était impressionnant. Après, j'ai acheté des souvenirs au marché. Le soir, j'ai vu un feu d'artifice. C'était spectaculaire! Je me suis bien amusé.

Chantale
Moi, je suis allée au spectacle dimanche soir. Les comédiens étaient très amusants, mais la chanteuse avait une voix affreuse!

1 Who went to the procession?

2 What did he/she do after this?

3 What did he/she do in the evening?

4 Who saw the show?

5 How did he/she describe the comedians?

6 What was his/her opinion of the singer?

7 Who went to the ball and what did he/she do there?

8 What did the person who went to the rock concert think of it?

9 Who played in the football tournament?

10 What happened?

5 *Écrire* Tu organises une fête dans ta ville. Écris un dépliant pour des visiteurs français sur les événements du week-end entier.

en contexte

Grammaire 3.13

Useful expressions to describe things in the past.
C'**était** impressionnant. – It was impressive.
La chanteuse **avait** une voix affreuse! – The singer had an awful voice!
Ils **étaient** spectaculaires! – They were spectacular!

3 Je vais passer une semaine dans le Sussex

➤ Handling requests for information
➤ Formal letter writing

1 *Lire* **Tu travailles dans un office de tourisme dans le Sussex. Lis la lettre et choisis les bonnes réponses.**

le 25 mai

Madame/Monsieur,

Je vais passer une semaine dans le Sussex au mois de juillet avec ma famille. Pouvez-vous m'envoyer des renseignements sur les hôtels et les campings, les restaurants et les musées? Nous voulons aussi faire des excursions dans la région. Est-ce qu'il est possible de faire une excursion en bateau sur la rivière? Je m'intéresse surtout à l'histoire. Pouvez-vous m'envoyer des dépliants sur la ville d'Arundel et une carte de la ville?

J'aime aussi faire du sport. On peut faire quels sports dans la région? Mes enfants ont dix ans et sept ans. Qu'est-ce qu'il y a dans la région pour les enfants?

Je vous prie d'agréer, Madame/Monsieur, l'expression de mes sentiments les meilleurs.

Jean Dubois

1 M. Dubois va visiter le Sussex en
a été **b** hiver **c** automne.

2 Il va rester
a deux jours **b** sept jours **c** quinze jours.

3 Il voudrait des informations sur
a l'histoire **b** la rivière **c** l'hébergement.

4 Il voudrait faire un voyage
a en car **b** en bateau **c** en hélicoptère.

5 Il voudrait des dépliants sur Arundel parce qu'il aime
a le sport **b** l'histoire **c** la natation.

6 Il a **a** deux **b** trois **c** sept enfants.

2 *Lire* **Traduis les phrases en anglais.**

a une liste des hôtels et des campings

b un plan de la ville

c une liste des monuments

d une carte de la région

e une brochure de la région

f une liste des animations

g un dépliant sur la ville

h une liste des restaurants

3 *Écrire* **Tu voudrais visiter Paris. Écris une lettre à l'office de tourisme de Paris. Utilise la lettre de M. Dubois et pose des questions sur:**

1 les petits hôtels et les restaurants

2 les excursions sur la Seine

3 les monuments historiques

4 les grands magasins

5 les activités pour les jeunes

Cher M. Dubois,

Merci de votre lettre. Veuillez trouver ci-joint des dépliants sur la ville d'Arundel et une liste des hôtels et des campings. Il y a des expositions temporaires pendant l'été dans le château. Vous pouvez consulter notre site Internet pour plus de renseignements. L'adresse est www.sussextourism.org.uk.

N'hésitez pas à me contacter par e-mail ou par téléphone si vous avez d'autres questions.

Je vous souhaite un bon séjour dans le Sussex.

Veuillez agréer, Monsieur, l'expression de mes sentiments distingués.

John Sword

4 *Lire* **Lis la lettre et réponds aux questions en anglais.**

1 What two things does John Sword send M. Dubois?

2 Where will the exhibitions take place?

3 What two pieces of advice does he give for finding out further information?

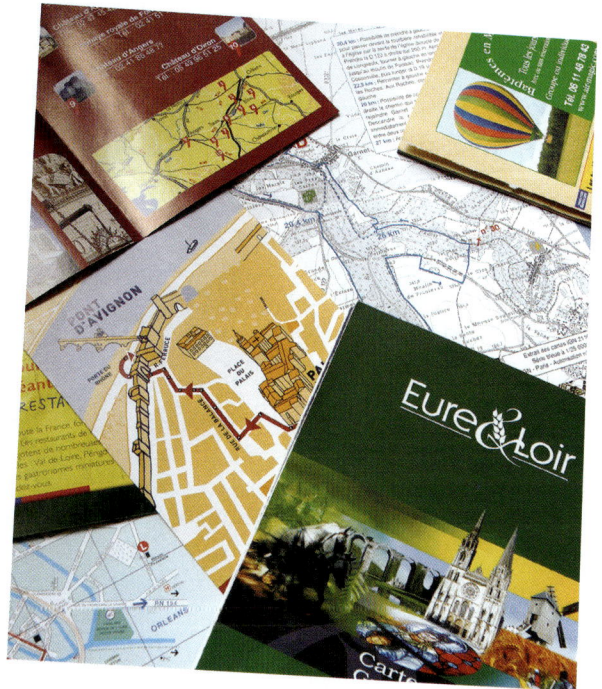

5 *Écouter* **À l'office de tourisme. Écoute et note ce qu'ils demandent en anglais. (1–5)**

6 *Lire* **Lis, écoute et remplis les blancs dans la conversation.**

Bonjour, madame! Je peux vous (1) _____ ?

Oui, monsieur. Vous avez des (2) _____ sur la région, s'il vous plaît?

Oui, madame, là-bas à gauche.

Merci. Il y a beaucoup de choses à (3) _____ et à faire dans la région ?

Oui, madame. Vous pouvez (4) _____ le musée et le château et vous pouvez faire des (5) _____ en bateau sur la rivière.

Vous avez une liste des (6) _____ pour les enfants?

Bien sûr, madame. Voilà. Il y a le parc où on peut voir des petits animaux et (7) _____ au mini-golf. La piscine est super.

Avez-vous un (8) _____ de la ville?

Oui, madame.

C'est combien?

Le plan et les (9) _____ sont gratuits, mais la brochure de la région coûte (10) _____ livres, madame.

brochures
visiter
animations
jouer
plan
excursions
dépliants
cinq
voir
aider

7 *Parler* **À deux. Prépare une conversation dans un office de tourisme. Utilise l'exercice 6 pour t'aider.**

4 Dans le magasin de souvenirs

➤ Handling transactions in shops
➤ Comparing things using **moins** and **plus**

1 *Lire* **Lis et écoute la conversation. Qu'est-ce qu'elle achète? C'est comment?**

Bonjour, mademoiselle! Je peux vous aider?
Oui. Je cherche un souvenir.
C'est pour qui?
C'est pour mon copain.
Nous avons des casquettes, des t-shirts, des sweats, un DVD touristique, des bonbons, des porte-clefs, des animaux en peluche, des parfums, des bouteilles de vin, des bics et des crayons, des blocs-notes ...
Un t-shirt peut-être.
Oui, mademoiselle. Quelle taille?
Quelles tailles avez-vous?
Les tailles 1, 2 et 3, c'est-à-dire petite, moyenne et grande.
Moyenne, s'il vous plaît.
Et de quelle couleur?
Quelles couleurs avez-vous?
Bleu clair, bleu foncé, noir, jaune et rose.
C'est combien?
Ce t-shirt est à 25€.
C'est un peu trop cher! Avez-vous quelque chose de moins cher?
Une casquette coûte 10€.
Oui, je prends une casquette.
De quelle couleur?
Une casquette bleu foncé.
Cette casquette, mademoiselle?
Non ... elle est trop grande. Avez-vous quelque chose de plus petit?
Oui, cette casquette noire est plus petite.
D'accord, je la prends.
Très bien, vous payez à la caisse.

bleu clair – light blue
bleu foncé – dark blue

2 *Lire* **Lis la conversation et corrige les erreurs dans les phrases.**

1 Elle cherche un cadeau pour ~~sa sœur~~.
   Elle cherche un cadeau pour son copain.

2 D'abord, elle veut acheter une casquette.

3 Le t-shirt est moins cher que la casquette.

4 La casquette noire est plus grande que la casquette bleu foncé.

5 Il y a quatre tailles de t-shirt.

en contexte

Grammaire 2.4

To compare two things, use:
plus ... que (more ... than) and
moins ... que (less ... than).

Le t-shirt est **plus cher que** la casquette.
– The t-shirt is more expensive than the cap.
La casquette est **moins chère que** le t-shirt.
– The cap is less expensive than the t-shirt.

3 *Lire* C'est vrai ou faux?

1 Le parfum est plus cher que le vin.

2 Le DVD est moins cher que la casquette.

3 Les bonbons sont plus chers que les crayons.

4 Les porte-clefs sont moins chers que les bics.

5 On peut acheter un t-shirt rouge.

6 On peut acheter un sweat bleu.

7 Une bouteille de vin coûte quinze livres.

8 Le parfum coûte six livres cinquante.

9 Les animaux en peluche sont plus chers que les blocs-notes.

10 On ne peut pas acheter de casquette rose.

4 *Écrire* Écris six phrases pour comparer les articles dans le magasin de souvenirs. Tu peux utiliser les adjectifs dans la case.

Exemple: *Les bonbons sont moins chers que le parfum.*

cher/chère
pratique
intéressant(e)
petit(e)
grand(e)
délicieux/délicieuse

5 *Écouter* Écoute les conversations dans un magasin de souvenirs en France. Copie et remplis la grille en français. (1–5)

	Ce qu'ils achètent	Le prix
1	T-shirt bleu (M)	15€
	Animal en peluche	4€
2		

un DVD sur la région   une bouteille de vin
le parfum   un crayon   un porte-clefs
un bloc-notes   un t-shirt
un animal en peluche   des bonbons
une casquette   un sweat   un bic

6 *Parler* À deux. Prépare une conversation dans le magasin de souvenirs. Utilise le texte de l'exercice 1 et l'image de l'exercice 3 pour t'aider.

➤ Describing local attractions

➤ More on comparing things

1 *Lire* Lis cette brochure. C'est quelle image?

Exemple: 1 d

---

1 ... est située sur la côte à une heure de Londres par le train. Une des plus grandes attractions est le Pier, un quai énorme avec un parc d'attractions.

2 ... est située dans le nord de l'Angleterre. Connue pour son équipe de football et pour la musique populaire, elle est la première ville industrielle anglaise. Si vous aimez le sport, faites un tour au musée et au stade de football.

3 ... est située dans le sud-ouest de l'Angleterre. Cette ville est connue pour le surf et ses plages sableuses. Si vous aimez la nature, vous pouvez visiter le zoo et l'aquarium.

4 Ne manquez pas la capitale! ... est une ville multiculturelle, riche en histoire et en art. Il y a beaucoup de musées gratuits. Pour les enfants, faites une excursion en bateau sur la Tamise ou pour une vue panoramique de la capitale un tour dans la roue d'observation la plus haute du monde!

5 ... est une ville médiévale fortifiée avec une cathédrale magnifique. Si vous aimez la bonne cuisine, mangez dans les bons restaurants sur les rives du fleuve.

6 Dans le sud-ouest du pays, il y a la ville de ... Les Bains romains se trouvent au centre de la ville.

7 C'est la ville de William Shakespeare, le plus grand écrivain de l'histoire anglaise. Les touristes peuvent visiter à ... les cinq maisons du XVIe siècle en rapport avec l'auteur et sa famille.

2 *Lire* **Trouve les phrases dans les textes de l'exercice 1.**

1 Don't miss

2 an hour from London

3 This town is known for

4 is situated in the south-west

5 You can visit the zoo and aquarium

6 For children

7 One of the biggest attractions is

8 Eat in the good restaurants

9 Do a tour of the museum

10 If you like nature

Grammaire 2.4

en contexte

To say 'the most', use **le/la plus …**
To say 'the least', use **le/la moins …**

les plus grandes attractions – *the biggest* attractions
C'est la roue d'observation **la plus haute** du monde. – It's *the highest* observation wheel in the world.

Note that after **le/la plus** and **le/la moins**, the adjective needs to agree with the noun being described.

3 *Écrire* **Prépare un petit dépliant pour des visiteurs français sur une ville que tu connais bien.**

… est située, dans le sud/le nord/l'ouest/l'est de …
C'est une ville historique/touristique/dynamique/industrielle/intéressante …
Si vous aimez l'histoire/l'art/la bonne cuisine/le shopping, …
Ne manquez pas …
Visitez … Allez … Jouez …
Si vous aimez le sport, il y a …
Pour les enfants/jeunes, il y a …
La plus grande attraction, c'est …

4 *Écouter* **Écoute les conversations et prends des notes en anglais. (1–2)**

a Location **1** *South West England*

b Main attraction

c What there is to do for young people

d Sports facilities

e History

f Shopping facilities

5 *Parler* **À deux. Tu travailles dans l'office de tourisme de ta région. Réponds aux questions de ton/ta partenaire, un/une touriste suisse.**

▲ C'est quelle sorte de ville … (name of town)?

▼ *C'est une ville …*

▲ Quelle est la plus grande attraction?

▼ *La plus grande attraction, c'est …*
Ne manquez pas …

▲ Qu'est-ce qu'il y a pour les jeunes?

▼ *Pour les jeunes, il y a …*

▲ Et pour les sportifs?

▼ *Si vous aimez le sport, …*

▲ Il y a des monuments?

▼ *Si vous aimez l'histoire, …*

▲ Et où peut-on faire du shopping?

▼ *Si vous aimez les magasins, …*

À l'oral

1 Jeu de rôle 💬
You are at the tourist information office.

A
- ◆ Bonjour! Je peux vous aider?
- ◆ Voilà.
- ◆ C'est gratuit.
- ◆ Il y a une grande fête en ville.
- ◆ Bien sûr!

B
- ○ *Ask for a plan of the town.*
- ○ *Ask how much it is.*
- ○ *Ask what is on this weekend.*
- ○ *Ask if they have a leaflet on the festival.*
- ○ *Say thank you.*

2 Jeu de rôle 💬
You are buying souvenirs in the gift shop.

A
- ◆ Bonjour! Je peux vous aider?
- ◆ Pour qui?
- ◆ Nous avons des t-shirts et des casquettes.
- ◆ 10€.
- ◆ Oui, bleu foncé et bleu clair.

B
- ○ *Say you are looking for souvenirs.*
- ○ *Say for your friend.*
- ○ *Ask how much the caps are.*
- ○ *Ask if they have a blue cap.*
- ○ *Ask for light blue and say you will take it.*

Mini presentation

Talk for about one minute on your local area, mentioning any festivals or special events in the area and saying what you have done recently.

Where you live	→	J'habite dans le/l' ... de l'Angleterre.
Attractions	→	La plus grande attraction de la région, c'est ...
		J'y suis allé(e) et c'était ...
		Pour les jeunes, il y a ...
		Si vous aimez le sport, il y a ...
		Si vous aimez faire du shopping, on peut aller ...
Events	→	Au mois de ..., il y a une fête/un concours/ un spectacle/un feu d'artifice
What you've done	→	Récemment, je suis allé(e) à ...
		J'ai vu/regardé/visité ...
Opinion	→	C'était ...

> Practise speaking aloud as much as possible. You could work with a friend or record yourself on tape.

À l'écrit

1 Write a letter describing your home town.

Salut!
J'habite à …
qui est située …

● Say where you live and where it is situated

Describe what sort of town it is ●

C'est une ville …

Dans ma ville,
il y a …

● Describe what is in your town

Say what you can do ●

On peut …

Pour les jeunes,
il y a …

● Describe what there is for young people

Describe a festival ●

Au mois de …,
il y a …

2 You want to visit a town in France. Write a letter to the tourist information office requesting information on:

- Hotels and campsites
- Excursions in the area
- The shopping facilities
- The tourist attractions

Remember you are writing a formal letter – you need to begin and end your letter in an appropriate way. Look back to page 68.

Ma région

3 Design a leaflet advertising your local area. Include the following:

… est situé …

Where the region is ●

Si vous aimez le sport,
allez … C'est …
Si vous aimez
l'histoire/les arts/le
shopping/la bonne
cuisine …, visitez …

● What there is to do for different groups

Include interviews with French people who have visited the area describing what they did and their opinions.

Au mois de …, j'ai visité/je suis allé(e)/
j'ai regardé/j'ai vu/j'ai joué/j'ai fait …
C'était …

When making recommendations, the connective **si** (if) is particularly useful.

Si vous aimez l'art, visitez la Tate Gallery. – **If** you like art, visit the Tate Gallery.

Adding this kind of detail in your speech and writing will gain you extra marks.

Module 5 Mots

En ville / *In town*

Qu'est-ce qu'il y a en ville?	*What is there in town?*	un stade	*a stadium*
Il y a …	*There is/are …*	une banque	*a bank*
un camping	*a campsite*	une bibliothèque	*a library*
un centre commercial	*a shopping centre*	une cathédrale	*a cathedral*
un château	*a castle*	une discothèque	*a disco*
un commissariat	*a police station*	une église	*a church*
un hôpital	*a hospital*	une gare	*a station*
un hypermarché	*a hypermarket*	une mairie	*a town hall*
un magasin	*a shop*	une piscine	*a swimming pool*
un marché	*a market*	une poste	*a post office*
un musée	*a museum*	Il y a beaucoup de …	*There are lots of …*
un office de tourisme	*a tourist information office*	Il n'y a pas de …	*There is no …*
un jardin public	*a park*		

C'est où? / *Where is it?*

Où est le musée?	*Where is the museum?*	à droite	*on the right*
Où est la banque?	*Where is the bank?*	Allez tout droit.	*Go straight ahead.*
Pour aller à la/au …?	*How do I get to …?*	c'est (assez) loin	*it's quite far*
Prenez la première rue	*Take the first road*	c'est à cinq minutes (à pied)	*it's five minutes on foot*
deuxième	*second*	c'est tout près	*it's quite near*
troisième	*third*	c'est à environ 500 mètres	*it's about 500 metres*
à gauche	*on the left*	c'est à deux kilomètres	*it's 2km*

Qu'est-ce qu'il y a comme animations? / *What entertainment is there?*

Il y a …	*There is …*	une fête	*a festival*
un bal	*a ball*	un marché	*a market*
un concert	*a concert*	un spectacle	*a show*
un concours	*a competition*	un tournoi	*a tournament*
un défilé	*a parade/procession*	une fête foraine	*a funfair*
un dîner	*a dinner*	un feu d'artifice	*fireworks*

C'est quand? / *When is it?*

lundi	*on Monday*	le soir	*in the evening*
mardi	*on Tuesday*	ce week-end	*this weekend*
mercredi	*on Wednesday*	samedi soir	*on Saturday evening*
jeudi	*on Thursday*	vendredi matin	*on Friday morning*
vendredi	*on Friday*	Ça commence à quelle heure?	*What time does it start?*
samedi	*on Saturday*	Ça finit à quelle heure?	*What time does it end?*
dimanche	*on Sunday*	Le spectacle commence à …	*The show starts at …*
le matin	*in the morning*	Le concert finit à …	*The concert ends at …*
dans l'après-midi	*in the afternoon*		

Qu'est-ce que tu as fait? / *What did you do?*

J'ai acheté des souvenirs au marché.	*I bought souvenirs at the market.*	Je suis allé(e) au bal.	*I went to the ball.*
J'ai participé au tournoi.	*I played in the tournament.*	On a dansé toute la soirée.	*We danced all evening.*
J'ai vu un feu d'artifice.	*I saw the fireworks.*	On a bien mangé.	*We ate well.*
		Mon équipe a gagné.	*My team won.*
		Les billets ont coûté £25.	*The tickets cost £25.*

C'était comment? — How was it?

C'était …	It was …
affreux	awful
amusant	funny
cher	expensive
chouette	great
impressionnant	impressive
passionnant	exciting
spectaculaire	spectacular
super	super
très	very
Les comédiens étaient amusants.	The comedians were funny.
Je me suis bien amusé(e).	I enjoyed myself.

À l'office de tourisme — In the tourist information office

Pouvez vous m'envoyer …?	Can you send me …?
Je voudrais …	I would like …
des renseignements sur …	some information on …
les activités pour …	activities for …
les jeunes	young people
les enfants	children
les campings	the campsites
les excursions	the excursions
les hôtels	the hotels
les musées	the museums
les restaurants	the restaurants
une brochure	a brochure
une carte de la région	a map of the area
un dépliant	a leaflet
une liste des monuments	a list of monuments
une liste des hébergements	a list of accommodation
un plan de la ville	a town plan
Avez-vous …?	Do you have …?
Je peux vous aider?	Can I help you?
Il y a beaucoup de choses …	There are lots of things …
à faire	to do
à voir	to see
Bien sûr	Of course
Voilà	Here you are
C'est combien?	How much is it?
C'est gratuit.	It's free.
Ça coûte 2€.	It costs 2 Euros.

Dans le magasin de souvenirs — In the souvenir shop

Je cherche un souvenir.	I'm looking for a souvenir.
C'est pour qui?	Who is it for?
C'est pour …	It's for …
mon copain/ma copine	my friend (m/f)
Quelle taille?	What size?
Quelles tailles avez-vous?	What sizes do you have?
(taille) petit(e)/ moyenn(e)/grand(e)	small/medium/large
Quelles couleurs avez-vous?	What colours do you have?
blanc(he)	white
bleu(e)	blue
gris(e)	grey
jaune	yellow
marron	brown
noir(e)	black
rouge	red
rose	pink
vert(e)	green
violet(te)	purple
clair/foncé	light/dark
C'est trop cher.	It's too expensive.
Avez-vous quelque chose …	Do you have anything …
de moins cher?	less expensive?
de plus petit?	smaller?
Je le/la/les prends.	I'll take it/it/them.
Payez à la caisse.	Pay at the till.

Les souvenirs — Souvenirs

un animal en peluche	a cuddly toy
un bic	a ballpoint pen
un bloc-notes	a notepad
un crayon	a pencil
un DVD sur la région	a DVD on the area
un porte-clefs	a keyring
un sweat	a sweatshirt
un t-shirt	a t-shirt
une bouteille de parfum	a bottle of perfume
une bouteille de vin	a bottle of wine
une casquette	a cap
des bonbons	some sweets

Pour décrire une ville — Describing a town

… est située dans …	… is situated in the …
le nord/le sud/l'ouest/l'est	North, South, West, East
C'est une ville …	It is a … town
historique	historical
touristique	tourist
dynamique	lively
industrielle	industrial
intéressante	interesting
Si vous aimez …	If you like …
l'histoire/les arts	history/art
la bonne cuisine/le shopping	good food/shopping
Ne manquez pas …	Don't miss …
Visitez …	Visit …
Allez …	Go …
Jouez …	Play …
La plus grande attraction c'est …	The biggest attraction is …

6 Je voudrais travailler en France

1 Je cherche un job d'été

➤ Saying what sort of job you're looking for

➤ Saying why you're interested

1 *Lire* **Finis les phrases correctement.**

***Exemple:* 1** j

1 J'aime le sport, …

2 Je voudrais travailler à l'étranger …

3 J'adore les enfants, …

4 Je voudrais travailler dans un restaurant …

5 Je voudrais être maître nageur …

6 J'aimerais travailler dans l'informatique …

7 J'aimerais travailler en plein air …

8 Je cherche un job dans un zoo …

9 Je voudrais un job varié, …

10 J'aime la musique, …

a parce que j'aime la natation.

b parce que j'aime être dehors.

c parce que j'adore les animaux.

d alors, je voudrais travailler dans une station de radio.

e alors, je voudrais travailler dans une crèche.

f alors, j'aimerais travailler dans un hôtel.

g parce que c'est intéressant et bien payé.

h parce que j'aime faire la cuisine.

i parce que j'adore les langues.

j alors, je cherche un emploi dans un centre sportif.

2 *Écouter* **Écoute et remplis la grille en anglais. (1–8)**

	Type of job he/she wants	Reasons
1	Job abroad	Likes languages
2		

Rappel: Likes and dislikes

J'aime – I like

J'adore – I love

Je n'aime pas – I do not like

Je déteste – I hate

Ma passion, c'est …

3 *Parler* **À deux. Imagine des conversations. Change les mots en rouge pour varier les conversations.**

▲ Tu voudrais travailler dans un hôtel?

▼ *Non, parce que j'aimerais travailler en plein air.*

▲ Tu voudrais travailler avec des animaux?

▼ *Oui, j'adore les animaux, alors j'aimerais travailler dans un zoo.*

4 *Lire* **Les demandes d'emploi. Copie les phrases et remplis les blancs.**

Je cherche un job dans une piscine parce que j'adore la natation. Je voudrais bien être maître nageur.

Je cherche un job comme monitrice dans une colonie de vacances parce que j'adore les enfants et j'aime le sport. J'aimerais travailler en plein air.

Sandrine, seize ans

Hakim, dix-sept ans

Frédéric, dix-sept ans

Matthieu, dix-neuf ans

Moi, j'adore les animaux, alors, j'aimerais bien travailler dans un zoo.

J'aimerais travailler dans une agence de voyages parce que j'aime la géographie, le français, l'anglais et l'espagnol. En plus, le travail est intéressant.

Moi, j'aime travailler avec un ordinateur, alors je voudrais travailler à la réception dans un hôtel parce que le travail est varié et bien payé.

Alice, dix-huit ans

Qui …?

1 cherche un job dans un zoo?
2 adore nager?
3 aime les langues?
4 voudrait un job comme réceptionniste?
5 aime les enfants?
6 voudrait travailler dans un magasin?
7 voudrait un job bien payé?
8 préfère travailler en plein air?

5 *Écrire* **Écris une phrase pour chaque personne de l'exercice 4.**

Exemple: *Hakim cherche un job dans une piscine parce qu'il adore la natation et il voudrait être maître nageur.*

6 *Écouter* **Écoute les conversations, puis copie et complète les phrases. (1–5)**

1 Pierre cherche un job dans _____ parce qu'il aime _____.
2 Amélie cherche un job dans _____ parce qu'elle aime _____.
3 Nicolas cherche un job dans _____ parce qu'il adore _____.
4 Charlène travaille comme _____ dans un _____.
5 Alex cherche un job comme _____ parce qu'il aime travailler avec _____.

7 *Parler* **À deux. Prépare une conversation.**

▲ Comment vous appelez-vous?
▼ *Je m'appelle …*
▲ Quel âge avez-vous?
▼ *J'ai …*
▲ Quelle sorte de job cherchez-vous?
▼ *Je cherche … parce que … J'aime les bébés, alors …*

un centre sportif   les bébés   un ordinateur
serveuse   les langues   un restaurant
réceptionniste   une crèche   le sport
une agence de voyages

2 Les offres d'emploi

➤ Understanding job advertisements

➤ Making telephone calls in French

⏩ Nos jobs d'été

Poste 1. ⏩ Centre de loisirs cherche employés pour la saison d'été pour
- le centre sportif
- la piscine

Horaires de travail flexibles. Logement gratuit.

Poste 2. ⏩ On cherche serveur/serveuse saison d'été
- horaires de travail flexibles
- bon salaire et conditions de travail

Poste 3. ⏩ Hôtel cherche réceptionniste temporaire pour la saison d'été. Bonnes connaissances en Word et Excel.

Poste 4. ⏩ Parlez-vous français? Aimez-vous les enfants? Nous cherchons des étudiants comme moniteurs/monitrices dans une colonie de vacances pour les enfants de 7–12 ans. Logement gratuit.

Poste 5. ⏩ Supermarché recherche caissiers/caissières. Connaissances en anglais souhaitables. Juillet et août. 6 jours sur 7.

Poste 6. ⏩ Station de radio cherche jeune homme/femme présentateur/présentatrice de programmes de musique pour les jeunes. Personnalité dynamique. Anglais courant essentiel.

Téléphonez à Stéphanie au numéro 02 12 67 54 38 en mentionnant le numéro du poste ou envoyez votre C.V. à l'adresse suivante stephanie@jobsdetefr.net

envoyer – to send

1 *Lire* Trouve les phrases françaises dans le texte (souligneés en bleu).

1 Do you speak French?

2 Fluent English essential

3 Free accommodation

4 Send your C.V.

5 Dynamic personality

6 Do you like children?

7 the summer season

8 Flexible working hours

9 Knowledge of English desirable

10 Good salary and working conditions

2 *Lire* Relis les offres d'emploi et trouve un job pour chaque personne.

1 I am looking for a summer job in a hotel. *Post 3*

2 I enjoy music and would like to work in a radio station.

3 I need a job with accommodation and I would like to work with children.

4 I want to work in a restaurant or café.

5 I enjoy swimming and would like a job in a swimming pool.

6 I have experience of working at a checkout.

3 *Écouter* Écoute et lis la conversation.

Allô! Stéphanie à l'appareil.

Allô! Je m'appelle Amélie Forestier.
Je cherche un job pour la saison d'été.

Quel âge avez-vous?

J'ai 16 ans.

Quelle sorte de job cherchez-vous?

Je cherche un job dans un supermarché. J'ai déjà travaillé
à la caisse dans un supermarché en Angleterre.

Envoyez votre C.V., s'il vous plaît.

Oui, à quelle adresse?

stephanie@jobsdetefr.net

Merci, au revoir.

> **Making telephone calls in French**
> **Allô** – Hello
> **Stéphanie à l'appareil** – Stephanie speaking
> *or*
> **Ici, Jean** – Jean here

4 *Écouter* Écoute les étudiants. Note leur âge et trouve le job qui leur convient le plus. (1–6)

Exemple: 1   Amélie, 16, *Poste 5*

2 Peter   **3** Wayne   **4** Nicole   **5** Paula   **6** David

5 *Parler* Tu cherches un job en France. Prépare une conversation avec ton/ta partenaire comme dans l'exercice 3.

Nom?
Âge?
Sorte de job recherchée?
Envoyez …
Adresse?

6 *Écrire* Écris un e-mail à Stéphanie en demandant plus de renseignements sur un des jobs dans l'exercice 1. Remplis les blancs.

To:	stephanie@jobsdetefr.net
Cc:	
Subject:	Jobs d'été

Chère Stéphanie

Je m'appelle _____ et j'ai _____ ans. Je cherche _____ parce que _____.
Vous trouvez mon C.V. ci-joint. Pouvez-vous m'envoyer plus de renseignements?

Merci.

3 Voici mon C.V.

➤ Writing a C.V. and letter of application

➤ Saying how long you have been doing something

1 Écouter Écoute et écris les matières. (1–4)

Exemple: 1 Jean-Luc   la technologie, l'informatique, …

2 Sylvie   **3** Christian   **4** Antoine

l'histoire	l'anglais
l'EPS	la géographie
la technologie	le dessin
les sciences	le français
les maths	l'informatique
la musique	l'espagnol

2 Écouter Réécoute et remplis les blancs.

a Jean-Luc apprend l'anglais __depuis__ trois ans.

b Jean-Luc est fort en _____ et en _____ .

c Sylvie apprend _____ depuis un an.

d Sylvie est faible en _____ et en _____ .

e Christian est très fort en _____ parce qu'il en fait depuis _____ .

f Christian n'est pas fort en _____ .

g Antoine apprend _____ depuis _____ .

h Antoine est très fort en _____, mais il est faible en _____ et en _____ .

Je suis fort en … – I am good at …
Je suis faible en … – I am bad at …
Ma matière préférée, c'est …
– My favourite subject is …

en contexte

Grammaire 4.4

Use **depuis** + the present tense to say how long you have been doing something that is still going on.

Je **travaille** dans le café **depuis** un an. – I have been working in the café for a year.

3 Parler Prépare une conversation avec ton/ta partenaire.

▲ Quelles matières apprenez-vous?

▲ Quelle est votre matière préférée?

▲ Dans quelle matière êtes-vous le/la plus fort(e)/ le/la plus faible?

▲ Depuis quand apprenez-vous …?

▼ J'apprends …

▼ Ma matière préférée, c'est …

▼ Je suis fort(e) en …, mais je suis faible en …

▼ J'apprends … depuis …

4 Écouter Quels sont tes loisirs préférés? Écoute et note les opinions de chaque personne. (1–5)

Exemple: 1   5 ✓ 1 ✓

✓ – j'aime   ✓✓ – j'adore
✗ – je n'aime pas   ✗✗ – je déteste

1
la natation

2
le cinéma

3
la lecture

4
la musique

5
la cuisine

■

5 *Lire* Lis le C.V. et les phrases. C'est vrai ou faux?

CURRICULUM VITAE

Nom:	Grover
Prénom:	Jonathan Peter
Adresse:	14 Merryfield Lane Brighton BN1 6YT, Angleterre
Date de naissance:	08/08/90
Lieu de naissance:	Redhill, Angleterre
Matières étudiées:	anglais, mathématiques, sciences, français, allemand, histoire, technologie, sport, art dramatique, dessin
Expérience:	Petit job dans un restaurant/ stage dans un hôtel
Loisirs:	Football, natation, ordinateurs, lecture

1 Jonathan habite en France.

2 Son anniversaire, c'est le 20 juillet.

3 Il est né en Angleterre.

4 Il apprend deux langues étrangères.

5 Il a un job dans un supermarché.

6 Il aime nager.

7 Il déteste lire.

6 *Lire* Lis la lettre et réponds aux questions en anglais.

Brighton,
le 5 octobre

Madame,

J'ai vu votre annonce sur Internet et je voudrais poser ma candidature pour le poste de serveur pour la saison d'été.

J'ai seize ans et le week-end, je travaille comme serveur dans un café en Angleterre. J'ai aussi fait un stage dans la cuisine d'un grand hôtel.

Mes matières préférées au collège sont la technologie et les langues étrangères. Je suis très fort en mathématiques aussi.

Comme loisirs, j'aime le football et la natation. J'aime aussi aller à l'étranger. J'ai déjà visité la France et l'Allemagne.

Veuillez-trouver ci-joint mon C.V.

1 Which job is Jonathan applying for?

2 How old is he?

3 What work experience does he have? (2)

4 What are his favourite school subjects?

5 Which countries has he visited? (2)

6 What is he enclosing with the letter?

To start a formal letter:
Dear Sir – **Monsieur**
Dear Madam – **Madame**
Dear Sirs – **Messieurs**

To apply for a job:
I would like to apply for the post of … – **Je voudrais poser ma candidature pour le poste de …**

To enclose something with the letter:
Please find enclosed – **Veuillez trouver ci-joint**

7 *Écrire* Écris ton propre C.V. en français.

4 Avez-vous fait un stage?

1 Écrire Où as-tu travaillé? Écris une phrase pour chaque image.

Exemple: 1 *J'ai travaillé dans un café.*

J'ai travaillé dans	un bureau
	un café
	un centre d'équitation
	un hôtel
	un magasin
	un supermarché
	un salon de coiffure
J'ai travaillé chez	McDo
	Sainsbury
J'ai travaillé à	l'aéroport
J'ai fait	du babysitting

en contexte

Grammaire 3.14

To say where you worked/did your work experience, use the perfect tense.
J'ai travaillé dans un centre sportif. – I worked in a sports centre.
J'ai fait un stage chez M&S. – I did a work placement at M&S.

To say what you did every day, use the imperfect tense.
Je **travaillais** à la réception. – I used to work in reception.
Je **répondais** au téléphone. – I used to answer the phone.

Remember: you also use the imperfect for descriptions in the past.
Le directeur **était** un peu désagréable. – The director was a bit unpleasant.
Mes collègues **étaient** très gentils. – My colleagues were really kind.

2 Lire Lis, puis copie et remplis les blancs dans le texte.

J' **(1)** _____ un stage dans un grand hôtel.
J' **(2)** _____ dans le bureau de l'hôtel. Le matin,
j' **(3)** _____ à neuf heures et je **(4)** _____
à cinq heures du soir. Je **(5)** _____ pour
Madame Duval, qui est chef du marketing. Elle
(6) _____ sympa. Je **(7)** _____ au téléphone
et j' **(8)** _____ des lettres et des factures à
l'ordinateur. C' **(9)** _____ génial, mon stage!
Et vous, **(10)** _____ un stage?

répondais
arrivais
était
travaillais
ai fait
était
avez-vous fait
finissais
ai travaillé
écrivais

3 *Écouter* **Écoute et lis la conversation. Réponds aux questions en anglais.**

Avez-vous fait un stage?

Oui, j'ai fait un stage l'anneé dernière. J'ai travaillé dans un centre sportif.

Pendant combien de temps?

Pendant deux semaines.

Quels étaient les horaires de travail?

J'arrivais au travail à dix heures le matin et je travaillais jusqu'à deux heures de l'après-midi. Puis je travaillais aussi le soir de dix-huit heures à vingt heures.

Qu'est-ce que vous faisiez?

Je travaillais à la réception. Je répondais au téléphone et je tapais des lettres sur l'ordinateur. J'organisais des matchs de football et de basket pour les enfants de sept à dix ans.

C'était comment, votre stage?

C'était assez dur, assez fatigant. Je travaillais beaucoup, mais mes collègues étaient sympa et le travail était varié et intéressant. C'était bien.

1 When did Christian do a work placement?

2 Where did he do it?

3 How long was it for?

4 What were the hours?

5 What jobs did he do? (Mention three)

6 What was his opinion of the placement. (Mention three things.)

> **J'ai fait un stage *pendant* deux semaines.**
> – I did a work placement *for* two weeks.

4 *Parler* **Prépare une conversation avec ton/ta partenaire au sujet de ton stage. Utilise les questions dans la conversation de l'exercice 3.**

5 *Écrire* **Utilise les notes en anglais. Écris un article sur ton stage dans un village de vacances.**

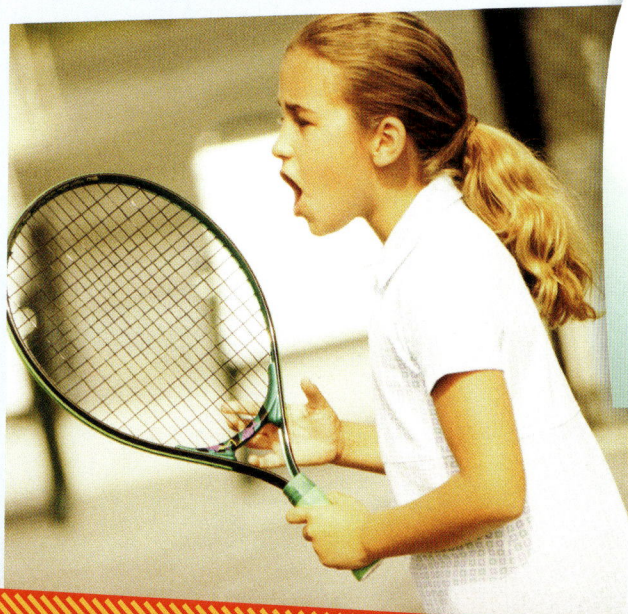

- work placement last year – 1 week
- Belle Plage holiday village
- used to arrive at 9 and finish at 6
- used to answer the phone
- used to organise tennis matches for children
- colleagues great!
- work interesting but tiring!

5 Un entretien

1 *Écouter* Écoute et lis. Un entretien pour un job d'été dans une agence pour l'emploi. Puis copie et remplis les blancs dans les phrases en anglais.

Bonjour! Comment vous appelez-vous?
Je m'appelle Claudine Pascal.
Quelle est votre date de naissance?
Je suis née le 6 mars 1991.
Quelle sorte de travail cherchez-vous?
Je cherche un emploi dans une colonie de vacances parce que j'adore les enfants.
Avez-vous de l'expérience?
Oui. Je travaille dans une crèche dans le centre sportif en ville. J'aime ce travail parce que c'est intéressant et varié, mais c'est mal payé!
Depuis quand travaillez-vous là-bas?
Depuis un an.
Avez-vous fait un stage?
Oui, j'ai fait un stage dans un restaurant, mais je préfère travailler avec des enfants. Travailler dans un restaurant, c'était très ennuyeux et fatigant.
En quelles matières êtes-vous forte?
Je suis forte en langues, en EPS et en mathématiques. Ma matière préférée, c'est l'anglais parce que j'adore les langues et c'est facile.

Claudine

1 Claudine is looking for employment in _____.

2 She is _____ years old.

3 She has had experience working in a _____ and in a _____.

4 She thought the work placement was _____ and _____.

5 Although her work with children is _____ _____, Claudine thinks it is _____ and _____.

6 She has been working in that job for _____.

7 Her strengths at school are _____, _____ and _____.

8 Her favourite subject is _____ because _____.

2 *Lire* **Lis et écoute l'entretien avec Christophe. Écris des phrases sur Christophe en anglais. Utilise les phrases de l'exercice 1 pour t'aider.**

Bonjour! Comment vous appelez-vous?

Je m'appelle Christophe Robert.

Quelle est votre date de naissance?

Je suis né le 18 juillet 1990.

Quelle sorte de travail cherchez-vous?

Je cherche un job dans un centre sportif parce que j'aime beaucoup le sport.

Avez-vous de l'expérience?

Oui. Je travaille dans une piscine en ville. Je suis maître nageur. J'aime ce travail parce que c'est facile et bien payé, mais quelquefois, c'est ennuyeux.

Depuis quand travaillez-vous là-bas?

Depuis six mois et j'ai fait aussi un stage dans le centre sportif municipal. Le stage a duré deux semaines. J'ai organisé plusieurs fois des tournois de tennis, mais je travaillais surtout à la réception.

C'était comment, votre stage?

C'était super parce que le sport, c'est ma passion et mes collègues étaient très gentils.

Dans quelles matières êtes-vous fort?

Je suis fort en sciences, en EPS et en histoire.

Christophe

3 *Écouter* **Écoute les entretiens et note les détails suivants pour chaque personne. (1–4)**

Nom:
Date de naissance:
Sorte de travail recherchée:
Expérience:
Depuis quand:
Stage:
Matières préférées:

4 *Parler* **Prépare un petit entretien avec ton/ta partenaire.**

Questions

▲ Comment vous appelez-vous?

▲ Quelle est votre date de naissance?

▲ Quelle sorte de travail cherchez-vous?

▲ Avez-vous de l'expérience?

▲ Depuis quand travaillez-vous là-bas?

▲ Avez-vous fait un stage?

▲ C'était comment?

Réponses

▼ *Je m'appelle ...*

▼ *Je suis né(e) le ...*

▼ *Je cherche ... parce que ...*

▼ *Je travaille ...*

▼ *Depuis ...*

▼ *Oui, j'ai fait un stage ...*
Je répondais ... J'organisais ...

▼ *C'était ...*

À l'oral

1 Prepare a short presentation about your work experience placement.
Use prompt cards to help you remember what to say.

Where you did your placement	→	J'ai fait un stage …
How long it lasted and when it was	→	Le stage a duré … du … au …
When you started and finished	→	Je commençais à … et je travaillais jusqu'à …
What you did in the morning	→	Le matin, je répondais …
What you did in the afternoon	→	L'après-midi, j'organisais …
Opinions of the job	→	C'était … parce que …
Opinion of your colleagues	→	Mes collègues étaient …
Opinion of the placement	→	C'était …

2 Read the advert, choose a job and prepare a telephone call to Patrick
or Elisabeth answering the questions below.

FRENCH HOLIDAY CAMP SEEKS STUDENTS FOR THE SUMMER

FOR 8 WEEKS MINIMUM

Opportunities for the following staff:

* Receptionists with ICT skills to deal with bookings and customer problems
* Sports and activity leaders including lifeguards
* Assistants for the gift shop and supermarket
* Staff for the crèche
* Staff for the horseriding centre

Flexible working hours
Free accommodation
Basic French and good English required
Telephone: Patrick or Elisabeth on 02 05 78 54 14 10

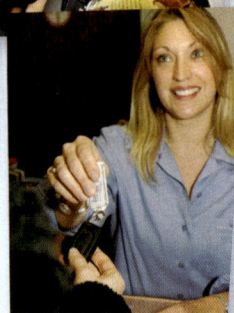

Don't forget to look back through Module 6 to find out how to form the answers to the questions below. Also be ready to ask the interviewer some questions about the job. Here are some suggestions:

Quels sont les horaires de travail?
Quel est le salaire?

▲	▼
▲ Comment vous appelez-vous?	▼ *Je m'appelle ….*
▲ Quel est votre numéro de téléphone?	▼ *Mon numéro de téléphone, c'est …*
▲ Quel âge avez-vous?	▼ *J'ai …*
▲ Quelle est votre date de naissance?	▼ *Ma date de naissance, c'est …*
▲ Dans quelles matières êtes-vous fort(e)?	▼ *Je suis fort(e) en …*
▲ Quelle est votre matière préférée?	▼ *Ma matière préférée, c'est …*
▲ Quels sont vos loisirs?	▼ *J'aime …*
▲ Quelle sorte de job cherchez-vous?	▼ *Je cherche un job comme … parce que …*
▲ Avez-vous de l'expérience?	▼ *Oui, je travaille …*
▲ Avez-vous fait un stage?	▼ *Oui, j'ai fait un stage …*
▲ Qu'est-ce que vous faisiez?	▼ *J'organisais …*

À l'écrit

1 You decide to apply for one of the jobs in exercise 2 on page 88 and are asked to submit a letter of application and your C.V.

a Copy the C.V. and fill in with your details.

CURRICULUM VITAE
Nom:
Prénom:
Adresse:
Date de naissance:
Matières étudiées:
Expérience:
Loisirs:

b Write a letter of application.

je voudrais and **j'aimerais** both mean 'I would like'.
Try to vary your sentences by using both of these.
Use the connectives **parce que** and **alors** to make your sentences longer and more interesting.

Je voudrais poser ma candidature pour …

Je m'intéresse à ce poste parce que …

Your address
Date

Madame/Monsieur,

Paragraph 1

Say which job you are applying for and why you would like the job.

Paragraph 2

Give your name, age and date of birth. Give details of your part-time job and your opinion of it.

Je m'appelle … et j'ai … ans. Je suis né(e) le …

Je travaille …

J'aime le travail parce que …

Mon collège s'appelle …

Au collège, j'apprends …

Je suis fort(e) en …

Mes matières préférées sont …

Paragraph 3

Say what your school is called, what you are studying at school and what your favourite subjects are/which subjects you are good or bad at.

Paragraph 4

Say what your leisure activities and interests are.

Comme loisirs, j'aime …

Say that you are enclosing your C.V. End your letter in an appropriate way.

Veuillez-trouver ci-joint mon C.V.

Je vous prie d'agréer, madame/monsieur, l'expression de mes sentiments distingués.

Your name

2 Write an account of your work placement using the prompts on the previous page to help you. Don't forget to use linking words to make the account flow.

Module 6 Mots

Quelle sorte d'emploi cherchez-vous?
What sort of job are you looking for?

Je cherche un job dans …	*I am looking for a job in …*
une agence de voyages	*a travel agency*
un centre sportif	*a sports centre*
un hôtel	*a hotel*
un zoo	*a zoo*
une colonie de vacances	*a holiday camp*
une piscine	*a swimming pool*
une station de radio	*a radio station*
Je voudrais travailler …	*I would like to work …*

à l'étranger	*abroad*
en plein air/dehors	*outdoors*
à la réception	*at reception*
dans l'informatique/ avec un ordinateur	*with computers*
avec des enfants	*with children*
J'aimerais …	*I would like …*
un job varié	*a varied job*
être (maître nageur)	*to be (a lifeguard)*

Pourquoi?
Why?

Parce que …	*Because …*
j'aime …	*I like …*
j'adore …	*I love …*
Ma passion, c'est …	*My passion is …*
je n'aime pas …	*I don't like ….*
je déteste …	*I hate …*
les animaux	*animals*
les enfants	*children*

les langues	*languages*
la musique	*music*
les ordinateurs	*computers*
faire la cuisine	*cooking*
la natation	*swimming*
le sport	*sport*
travailler en plein air	*working outdoors*
Alors …	*So …*

Les offres d'emploi
Job adverts

Connaissances en Word	*Knowledge of Word*
Logement gratuit	*Free accommodation*
Horaires de travail flexibles	*Flexible working hours*
Anglais courant essentiel	*Fluent English essential*
Parlez-vous français?	*Do you speak French?*
Téléphonez	*Telephone*
Envoyez votre C.V.	*Send your C.V.*
Nous cherchons …	*We are looking for …*
Personnalité dynamique	*Dynamic personality*
Allô, Jean à l'appareil.	*Hello, John speaking.*
Ici, Jean.	*John here.*
Je cherche un job pour l'été.	*I'm looking for a job for the summer.*

Quel âge avez-vous?	*How old are you?*
J'ai 16 ans.	*I am 16.*
Comment vous appelez-vous?	*What is your name?*
Je m'appelle …	*My name is …*
J'ai déjà travaillé …	*I have already worked …*
dans un café	*in a café*
dans un hôtel	*in a hotel*
Sujet:	*Re:*
Mon C.V. est ci-joint.	*My C.V. is enclosed.*
Pouvez-vous m'envoyer …?	*Can you send me …?*
plus de renseignements	*more information*

Les matières
School subjects

Quelles matières apprenez-vous?	*What subjects do you learn?*
J'apprends …	*I learn …*
l'allemand	*German*
l'anglais	*English*
l'espagnol	*Spanish*
l'histoire	*history*
l'informatique	*ICT*
la géographie	*geography*
la musique	*music*
la technologie	*technology*
le français	*French*
l'EPS	*PE*
les maths	*maths*
les sciences	*science*
les langues	*languages*

Quelle est votre matière préférée?	*What is your favourite subject?*
Ma matière préférée, c'est …	*My favourite subject is …*
Dans quelle matière êtes-vous …	*What is your … subject?*
le/la plus fort(e)?	*best*
le/la plus faible?	*worst*
Je suis fort(e) en …	*I am good at …*
Je suis faible en …	*I am bad at …*
Depuis quand apprenez-vous …?	*How long have you been learning …?*
J'apprends … depuis …	*I have been learning … for …*
un an	*a year*
quatre ans	*four years*

Voici mon C.V. — *Here is my C.V.*

Nom	*Surname*	Stage dans/chez	*Work placement in/at*
Prénom	*First name*	Loisirs	*Hobbies*
Adresse	*Address*	sport	*sport*
Date de naissance	*Birthdate*	lecture	*reading*
Lieu de naissance	*Birthplace*	natation	*swimming*
Matières étudiées	*Subjects studied*	ordinateurs	*computers*
Expérience	*Experience*	musique	*music*
Petit job dans/chez …	*Part time job in/at …*	cuisine	*cookery*

Les lettres de candidature — *Application letters*

Monsieur	*Dear Sir*	pour le poste de …	*for the job of …*
Madame	*Dear Madam*	Veuillez trouver ci-joint …	*Please find enclosed …*
Messieurs	*Dear Sirs*	Je vous prie d'agréer, monsieur, l'expression de mes sentiments les meilleurs.	*Yours faithfully/sincerely*
Je voudrais poser ma candidature	*I would like to apply*		

Les stages — *Work placements*

Où avez-vous travaillé?	*Where did you work?*	Pendant combien de temps?	*For how long?*
J'ai travaillé dans …	*I worked in …*	Pendant deux semaines	*For two weeks*
un bureau	*an office*	Le stage a duré deux semaines.	*The work placement lasted 2 weeks.*
un café	*a café*	À quelle heure commenciez/finissiez-vous?	*At what time did you start/finish?*
un centre d'équitation	*a riding school*	Je commençais/j'arrivais à …	*I started/arrived at …*
un centre sportif	*a sports centre*	Je finissais à/je travaillais jusqu'à …	*I finished at/worked till …*
un hôtel	*a hotel*	Qu'est-ce que vous faisiez?	*What did you do?*
un magasin	*a shop*	J'organisais des matchs.	*I organised matches.*
un supermarché	*a supermarket*	Je répondais au téléphone.	*I answered the phone.*
un salon de coiffure	*a hairdresser*	Je tapais les lettres sur l'ordinateur.	*I typed letters on the computer.*
J'ai travaillé chez Sainsbury	*I worked at Sainsbury's*	Je travaillais à la réception.	*I worked at reception.*
J'ai travaillé à l'aéroport	*I worked at the airport*		
Avez-vous fait un stage?	*Have you done a work placement?*		
J'ai fait un stage …	*I have done a work placement …*		

C'était comment? — *How was it?*

C'était …	*It was …*	intéressant	*interesting*
bien payé	*well paid*	mal payé	*badly paid*
ennuyeux	*boring*	monotone	*monotonous*
facile	*easy*	varié	*varied*
fatigant	*tiring*		

➤ Enquiring about a job on the phone

Puis-je parler à Jean-Luc, s'il vous plaît?

1 *Écouter* **Écoute et lis les deux conversations téléphoniques.**

Allô! Puis-je parler à Jean-Luc, s'il vous plaît?

Je regrette, il n'est pas là. Il est en réunion. Je peux prendre un message?

Oui. Je m'applle Cathy Peterson. J'ai vu votre annonce et je cherche un job pour la saison d'été.

Quel est votre numéro de téléphone, s'il vous plaît?

Mon numéro de téléphone, c'est le 01403 874539.

Il vous rappellera dès son retour.

Merci beaucoup. Au revoir.

Allô! Puis-je parler à Jean-Luc, s'il vous plaît?

C'est de la part de qui?

Je m'appelle Cathy Peterson.

Ne quittez pas. Je vous le passe.

Allô! Ici, Jean-Luc Gérard.

Bonjour! Je m'appelle Cathy Peterson. J'ai vu votre annonce et je cherche un job pour la saison d'été.

Avez-vous de l'expérience?

Oui, je travaille depuis un an dans un café en Angleterre.

Pouvez-vous venir me voir jeudi, s'il vous plaît?

Bien sûr. À quelle heure?

À dix heures?

D'accord. Merci beaucoup. Au revoir.

> **en réunion** – in a meeting
> **Il vous rappellera** – He will call you

2 *Lire* **Relis la conversation et trouve les phrases françaises.**

1 Can I speak to Jean-Luc, please?
2 Who's calling?
3 I'm sorry he's not there.
4 Hang on.
5 Can I take a message?

6 I'll put you through to him.
7 He's in a meeting.
8 Can you come and see me, please?
9 What is your phone number, please?
10 He will call you as soon as he returns.

3 *Parler* **Tu cherches un job d'été dans cet hôtel. Prépare une conversation téléphonique avec ton/ta partenaire. Utilise les conversations de l'exercice 1 pour t'aider.**

4 *Écouter* **Écoute les conversations et complète l'agenda de Jean-Luc. (1–5)**

lundi 26 avril – candidats pour ce matin

	Nom	Expérience	Combien de temps?	Heure d'entretien	N° de téléphone
1	Louise Duval	serveuse dans un café	six mois	11h00	02 89 56 34 12
2					

1 Louise Duval   **4** Robert Leclerc

2 Paul Forestier   **5** Olivier Lebrun

3 Christine Leblanc

5 *Lire* **Un entretien avec Jean-Luc. Lis l'entretien et réponds aux questions.**

Bonjour! Asseyez-vous, s'il vous plaît.
Merci.
Quel poste vous intéresse?
Le poste de serveur dans le restaurant.
Vous avez de l'expérience?
J'ai fait un stage dans un restaurant en France, et en Angleterre, je travaille comme serveur dans un restaurant depuis deux ans. Voici mon C.V.
Excellent. Nous avons des clients de toutes nationalités. Quelles langues parlez-vous?
Je suis de nationalité anglaise, et je parle le français, l'allemand et l'espagnol.
Très bien. Je voudrais vous proposer un poste comme serveur.
Merci, j'accepte votre offre de travail.
Quand pouvez-vous commencer?
Je peux commencer la semaine prochaine.
Avez-vous des questions?
Quels sont les horaires de travail?
Vous travaillez de six heures à dix heures le matin, et puis le soir, de dix-sept heures à vingt et une heures.
Tous les jours?
Vous avez un jour de congé par semaine.
Et quel est le salaire?
Vous gagnez 12€ par heure et il y a les pourboires.

gagner – to earn
le pourboire – tip

Robert

1 Which job is Robert interested in?
2 What experience does he have?
3 What languages does he speak?
4 What will the working hours be?
5 How many days off will he have a week?
6 How much will the pay be?
7 When will he start work?

2 Je voudrais une limonade, s'il vous plaît.

1 *Lire* **Trouve la phrase française de la liste de boissons qui correspond à chaque phrase anglaise.**

Liste des boissons

Boissons froides

Vin rouge
Vin blanc
Bière blonde
Bière blonde à la pression
Eau minérale gazeuse
Eau minérale non gazeuse

Coca
Limonade
Jus d'orange
Jus de pommes
Jus d'ananas

Boissons chaudes

Café
Café au lait
Chocolat chaud
Thé
Thé au citron
Thé au lait

1	Hot chocolate	**7**	Cola
2	Orange juice	**8**	Apple juice
3	Lager	**9**	Hot drinks
4	White wine	**10**	Cold drinks
5	Draught lager	**11**	Fizzy mineral water
6	Lemon tea		

Grammaire 4.1

en contexte

With quantities (e.g. a bottle), French uses **de** or **d'** for 'of':
une bouteille **de** vin rouge – a bottle of red wine.
Also note the following expression:
un jus **d'**orange – (literally, a juice **of** orange)

un petit verre

un grand verre

une bouteille

une tasse

une grande tasse

2 *Écrire* **Écris en français.**

1 A bottle of still mineral water
2 A large glass of cola
3 A cup of tea with milk
4 A mug of coffee
5 A small glass of white wine
6 A mug of hot chocolate
7 A bottle of red wine
8 A large glass of pineapple juice
9 A small glass of draught lager
10 A bottle of white wine

3 *Écouter* **Écoute et note ce qu'ils commandent en anglais et le prix. (1–6)**

Exemple: 1 a bottle of white wine, two colas. *15€* .

4 *Parler* **À deux. Tu travailles dans un bar/café en France. Prépare des conversations avec ton/ta partenaire. Il faut changer les mots soulignés et invente les prix.**

Vous désirez, monsieur?
Je voudrais deux cafés au lait et une bouteille d'eau minérale, s'il vous plaît.
C'est tout?
Oui. C'est tout. C'est combien?
Ça fait 12€, s'il vous plaît.
Merci.

5 *Lire* **Trouve la phrase qui correspond à chaque image.**

Exemple: **1** un hamburger

Casse-croûtes

des frites
un cheeseburger
un paquet de chips
une pizza
un hot-dog
un croque-monsieur
un sandwich au jambon
un hamburger
un sandwich au fromage

1 2 3 4 5 6 7 8 9

un sandwich **au** fromage/jambon/poulet/thon – a cheese/ham/chicken/tuna sandwich
un sandwich **aux** crevettes – a prawn sandwich
avec **de la** salade – with salad
avec **de la** mayonnaise – with mayonnaise
avec **du** ketchup – with ketchup

6 *Écouter* **Qu'est-ce qu'ils commandent? Note en anglais les casse-croûtes et les boissons avec les quantités. (1–6)**

Exemple: 2 cheese sandwiches, 2 packets of crisps, 1 lemonade, 1 mug of hot chocolate

7 *Écrire* **Prépare une carte pour un snack-bar (boissons froides, boissons chaudes et casse-croûtes) avec des prix en euros.**

8 *Parler* **À deux. Utilise la carte pour préparer une conversation. Tu es serveur/serveuse. Note les boissons et les casse-croûtes commandés par ton/ta partenaire et calcule le prix.**

3 Dans le restaurant

➤ Working in a restaurant

➤ **du/de la/des** ('some')

1 *Écouter* **Tu travailles dans le restaurant Chez Pierre. Écoute les réservations et remplis la grille. (1–3)**

	1 Société Leblanc	2 Monsieur Duval	3 Madame Lepetit
Combien de personnes	8		
Jour			
Heure			
L'emplacement de la table			

en terrasse – on the patio
à l'intérieur, près de la fenêtre – indoors next to the window
dans l'espace non-fumeurs – in the non-smoking area
dans l'espace fumeurs – in the smoking area
à l'écart – in the corner

2 *Lire* **Mets les phrases dans le bon ordre et écris le dialogue.**

Au nom de Fournier.

Quatre personnes.

Restaurant Chez Jean. Bonsoir.

Bien sûr, monsieur. Pour combien de personnes?

D'accord. Une table dans l'espace non-fumeurs pour quatre personnes à huit heures. À quel nom?

Bonsoir, madame. Je voudrais réserver une table pour ce soir.

Dans l'espace non-fumeurs, monsieur, bien sûr.

À huit heures. Et nous voudrions une table dans l'espace non-fumeurs, s'il vous plaît.

C'est noté, monsieur. Au revoir.

À quelle heure?

3 *Parler* **À deux. Prépare une conversation comme le dialogue dans l'exercice 2. Change les détails de la réservation.**

4 Écouter Regarde le menu et note la commande de chaque personne en français. (1–4)

Entrées	Plats principaux	Desserts	Boissons

Restaurant Chez Mimi

Menu à prix fixe 15€

Entrées
Cocktail de crevettes
Soupe à l'oignon
Crudités

Plats principaux
Quiche lorraine et salade de tomates
Omelette aux champignons
Canard à l'orange et pommes vapeur
Rosbif et haricots verts
Moules marinières et pommes frites
Plat du jour (poisson, pommes de terre et petits pois)

Desserts/Fromages
Tarte aux pommes
Salade de fruits
Glace
Mousse au chocolat
Plateau de fromages

Boissons
Bouteille de vin rouge/blanc 6€
Eau minérale/coca/limonade 3,50€
Bière 3,80€

Service et boissons non compris

> Bonjour! J'ai réservé une table pour quatre personnes au nom de Michel.

> Oui, madame, venez par ici. Voici votre table. ... Et voici la carte.

Grammaire 1.5

en contexte

French has different words for 'some' depending on whether the noun following is masculine or feminine / singular or plural.

Masc.	Fem.	Before a vowel/ silent 'h'	Plural
du canard	**de la** salade	**de l'**eau	**des** frites

Note the use of **en** when you don't mention the item specifically:
Je ne mange pas **de salade/de canard**. →
Je n'**en** mange pas. – I don't eat (any of) it.

5 Écrire Écris des phrases pour dire ce que tu voudrais commander.

1 duck (m) – Je voudrais du canard.
2 mussels (pl)
3 ice cream (f)
4 roast beef (m)
5 chocolate mousse (f)
6 cheese (m)
7 prawns (pl)
8 fish (m)
9 onion soup (f)
10 green beans (pl)

6 Parler À deux. Commande un repas complet dans le menu à 15€.

▲ Vous avez choisi?
▲ D'accord. Je vous écoute.
▲ Et comme plat principal?
▲ Et comme dessert?
▲ Et comme boisson?

▼ *Nous voudrions le menu à 15€, s'il vous plaît.*
▼ *Comme entrée, je voudrais ...*
▼ *Je voudrais ...*
▼ *Je voudrais ...*
▼ *Comme boisson, je voudrais ...*

4 Tout va bien?

1 *Lire* Lis la carte et choisis une entrée et un plat principal pour tes copains. Il y a plusieurs possibilités.

> **Exemple:** Chantale est allergique aux produits laitiers:
> *salade composée, bifteck et frites*

Stéphane est végétarien.
André est allergique au poisson.
Denise est au régime.
Nadine n'aime pas les champignons.
Frédéric adore la volaille

> **les produits laitiers** – dairy products
> **au régime** – on a diet
> **la volaille** – poultry

Menu à 20€

Le chef vous propose …

Entrées
Salade composée
Cocktail de fruits de mer
Potage au poulet avec des champignons sauvages
Pâté de foie de canard

Plats principaux
Omelette nature
Saumon et pommes vapeur
Pizza aux champignons, aux tomates et au poulet
Bœuf bourguignon et riz
Bifteck et frites

2 *Écrire* Qu'est-ce que tu as choisi? Pourquoi?

> **Exemple:** *Pour Chantale, j'ai choisi une salade composée et un bifteck avec des frites parce qu'elle est allergique aux produits laitiers.*

3 *Écouter* Écoute et prends des notes en anglais. Qu'est-ce que le serveur recommande? Pourquoi? Qu'est-ce que les clients commandent? (1–5)

> **Exemple: 1** *recommends salad and plain omelette – vegetarian; orders salad and plain omelette*

4 *Parler* À deux. Regarde le menu. Prépare une conversation avec ton/ta partenaire. Change les mots en rouge pour varier la conversation.

▲ Je suis allergique aux fruits de mer, qu'est-ce que vous me recommandez?

▼ *Je vous recommande le potage au poulet avec des champignons sauvages et le bifteck avec des frites.*

Je suis allergique … au	fromage, poisson
à la	viande, volaille
aux	fruits de mer, produits laitiers
à l'	ail
Je suis	végétarien(ne)/au régime
J'aime/Je n'aime pas	le poisson, la quiche, les oignons, l'ail

5 *Lire* Identifie le problème.

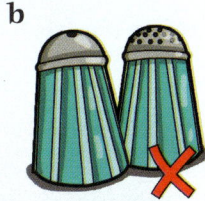

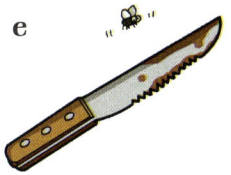

a   b   c   d   e

f   g   h   i   j

1 Cette addition n'est pas juste.
2 Je n'ai pas commandé ça.
3 Ce verre est cassé.
4 Il n'y a pas de sel ou de poivre sur cette table.
5 Ce couteau est sale.

6 Il y a un insecte dans la salade.
7 Je n'ai pas de cuillère.
7 Cette fourchette n'est pas propre.
9 C'est trop salé!
10 Ces moules sont froides.

6 *Écouter* Écoute et note les problèmes en anglais. (1–8)

en contexte

French has different words for 'this'/'these' depending on whether the noun following is masculine or feminine / singular or plural.

Masc.	Fem.	Before a vowel/silent h	Plural
ce couteau	**cette** fourchette	**cet** hôtel	**ces** moules

Grammaire 2.5

7 *Lire* Fais correspondre la question et la bonne réponse.

1 Je peux avoir l'addition, s'il vous plaît?
2 Où sont les toilettes, s'il vous plaît?
3 Je peux avoir la carte, s'il vous plaît?
4 Et comme boisson?
5 Il y a un problème, monsieur?
6 Acceptez-vous les cartes de crédit?
7 On peut avoir encore du pain, s'il vous plaît?
8 C'était comment, le repas?

a C'était délicieux.
b Voilà, madame.
c Qu'est-ce que vous avez comme boissons?
d Quelle sorte de carte de crédit avez-vous?
e Bien sûr. Voici la carte.
f Je vais vous en chercher tout de suite.
g Oui. Il y a un insecte dans ma salade!
h Près de l'entrée, monsieur.

8 *Parler* Travail en groupe. Prépare un jeu de rôle en français qui s'appelle «Au restaurant». Utilise le vocabulaire des pages 96 à 99.

1 *Lire* **La journée typique de Lucien. Lis et écris un resumé en anglais.**

I wake up at 5 o'clock, …

Je m'appelle Lucien. J'ai 18 ans et je travaille comme chef de cuisine dans le restaurant Chez Jean, un restaurant dans un grand hôtel en ville. Je vais décrire ma journée typique. Je me réveille à cinq heures, je me lève immédiatement. Après je me douche, je me rase et je m'habille. Je dois porter un uniforme. Je porte un pantalon noir et blanc, une chemise blanche et une toque blanche. Avant de partir, je prends une tasse de café. Je quitte la maison à cinq heures et demie et je vais au travail en voiture.

J'arrive au restaurant vers six heures moins cinq et ma journée commence à six heures. D'abord, il faut préparer le petit déjeuner pour les clients de l'hôtel. Beaucoup de clients sont anglais, alors on offre un petit déjeuner anglais dans le restaurant, c'est-à-dire, des œufs sur le plat, des saucisses, des champignons et des tomates grillées. Mais, les clients français préfèrent manger du pain avec de la confiture ou du fromage et ils prennent aussi parfois un yaourt. Le petit déjeuner finit à neuf heures et demie pour les clients. J'ai alors une pause d'une heure et j'en profite pour prendre mon petit déjeuner.

À dix heures je commence à préparer le déjeuner. Il y a toujours de la viande rôtie, du poisson, et un plat végétarien et un choix de trois desserts chaque jour. Je prépare les légumes et les desserts et mon collègue Christian prépare les plats principaux, puis on sert le déjeuner entre midi et une heure et demie. Ma journée finit à deux heures de l'après-midi et je rentre à la maison.

Dans l'après-midi, je déjeune, je me repose à la maison ou je joue au basket dans le centre sportif. Le soir, je sors avec mes copains dans le centre-ville ou je regarde la télé. Je me couche normalement vers onze heures.

toque – chef's hat

en contexte

Grammaire 3.6

Reflexive verbs are verbs which include an extra pronoun before the verb. The infinitive of a reflexive verb has the pronoun **se**.

se reposer – to relax

je **me** repose	nous **nous** reposons
tu **te** reposes	vous **vous** reposez
il/elle **se** repose	ils/elles **se** reposent

Before a vowel/silent 'h', **me**, **te** and **se** shorten to **m'**, **t'**, **s'**: Je **m'**appelle, il **s'**habille

In the perfect tense, reflexives use **être**. Don't forget about agreement!

Hier, ma sœur s'est réveillé**e** à 8 heures.
Yesterday my sister woke up at 8 o'clock.

2 *Lire* **Trouve six exemples de verbes réfléchis (*reflexive verbs*) dans le texte.**

> **Exemple:** *Je m'appelle Lucien.*

3 *Lire* **Réponds aux questions en français.**

1 À quelle heure est-ce que Lucien se réveille? *Lucien se réveille à ...*

2 Décris son uniforme. *Il porte ...*

3 À quelle heure est-ce qu'il part de chez lui? *Il part à ...*

4 Comment va-t-il au travail? *Il va au travail ...*

5 Qu'est-ce qu'il prépare pour les clients anglais? *Pour les clients anglais, il prépare ...*

6 Qu'est-ce qu'il fait à neuf heures et demie? *À neuf heures et demie, il ...*

7 À quelle heure est le déjeuner? *Le déjeuner est à ...*

8 Qu'est-ce qu'il fait quand il rentre à la maison? *Quand il rentre à la maison, il ...*

9 Qu'est-ce qu'il fait le soir? *Le soir, il ...*

10 À quelle heure est-ce qu'il va au lit? *Il va au lit à ...*

4 *Écouter* **Copie et complète les phrases pour décrire la journée typique de Jean, qui travaille comme serveur dans un hôtel.**

1 À 6h, il se lève.

2 À 6h30, il ...

3 À 7h, il ...

4 À 10h, il ...

5 À 11h, il ...

6 Entre midi et 13h30, il ...

7 À 14h30, il ...

8 Pendant l'après-midi, il ...

9 Le soir, il ...

10 Vers 22h, il ...

5 *Parler* **À deux. Pose ces questions sur les habitudes de ton/ta partenaire.**

▲ Tu te lèves à quelle heure?

▲ Qu'est-ce que tu prends au petit déjeuner?

▲ À quelle heure est-ce que tu quittes la maison?

▲ Comment vas-tu au travail/au collège?

▲ À quelle heure est-ce que tu rentres à la maison?

▲ Qu'est-ce que tu fais le soir?

▲ À quelle heure est-ce que tu dînes?

▲ Quand est-ce que tu te couches normalement?

▼ *Je me lève à ...*

▼ *Je prends ...*

▼ *Je quitte la maison à ...*

▼ *Je vais ...*

▼ *Je rentre ...*

▼ *Je ...*

▼ *Je dîne à ...*

▼ *Normalement, je me couche vers ...*

> Note the use of **tu** here. You use **tu** when talking to a friend or French person of your own age. Remember to use **vous** in more formal situations.

À l'oral

1 Jeu de rôle
You go into a restaurant in France while you're on a business trip there.

A
- Bonjour! Je peux vous aider?
- Oui, bien sûr … Et voici la carte.
- Vous avez choisi?
- Je vous écoute.
- Et comme boissons?
- C'était comment?

B
- *Say you would like a table for four people.*
- *Say thank you.*
- *Ask for the 15€ menu.*
- *Order four main courses (use the menu on p.97).*
- *Order four drinks.*
- *Say it was delicious and ask for the bill.*

2 Jeu de rôle
You are going for a job in a restaurant in France.

A
- Bonjour! Asseyez-vous ici.
- Quel poste vous intéresse?
- Avez-vous de l'expérience?
- Avez-vous fait un stage?
- Très bien. Je vous propose un poste en cuisine.
- Quand pouvez-vous commencer?
- Avez-vous des questions?
- 6h00 à 12h00. C'est 15€ par heure.

B
- *Say thank you.*
- *Say you would like a job in the kitchen.*
- *Say you have worked in a café for two months.*
- *Say you did a work placement in a swimming pool for two weeks.*
- *Say thank you, you'll take the job.*
- *Say you can start next week.*
- *Ask what the working hours and the salary are.*

Mini-presentation

Imagine you are working in a restaurant in France. Talk about your typical day for one minute. Make yourself a cue card to help you.

Introduce yourself	→ Je m'appelle … et je travaille dans le restaurant … Je vais parler de ma journée typique.
When you get up and what you do before leaving the house	→ Je me lève à …
When you leave and how you get to work	→ Je quitte la maison à …
When you arrive	→ J'arrive au travail à …
What job you do	→ Je travaille comme …
What your working hours are	→ Je travaille de … à …
What you do	→ Je …
When you return home	→ Je rentre à la maison à …
What you do in the evening	→ Le soir, je …
When you go to bed	→ Je me couche à …

> Don't forget to make your account more interesting by using connectives. Look back at p.100 to give you some ideas.

À l'écrit

1 Prepare an advertisement for a restaurant in France. Use some of the phrases below to help you.

Name of the restaurant	→ Visitez …
Where it is	→ Le restaurant est situé …
What you can eat	→ Mangez …
Description of the food	→ La cuisine est …
Specialities	→ Nos spécialités sont …
Special offer this week	→ Offre spéciale cette semaine …
Special evening – perhaps with music, dancing, disco?	→ Soirée spéciale …
To reserve a table, telephone …	→ Pour réserver une table, téléphonez …

2 Imagine que tu travailles dans un restaurant en France. Écris un petit article pour décrire ta journée typique.

Introduction	→ Je m'appelle …
	→ Je travaille comme …
What you do before work	→ Je me réveille à …
	Je prends mon petit déjeuner …
	Je quitte la maison à …
Morning routine	→ D'abord, je …
	J'ai une pause à …
	Je dîne à …
Afternoon routine	→ Puis je …
When you finish	→ Je finis mon travail à …

Join up your sentences with: **et**, **d'abord**, **puis**, **ensuite**, **après**, **mais**, **pourtant**, **plus tard**, **entre**, etc.

Module 7 Mots

Au téléphone — *On the telephone*

Puis-je parler à Jean-Luc?	*May I speak to Jean-Luc?*
s'il vous plaît	*please*
C'est de la part de qui?	*Who is calling?*
Ne quittez pas.	*Hang on.*
Je vous le passe.	*I'll put you through to him.*
Je regrette, il n'est pas là.	*I'm sorry, he is not here.*
Il est en réunion.	*He is in a meeting.*
Je peux prendre un message?	*Can I take a message?*
J'ai vu votre annonce.	*I have seen your advert.*
Je cherche un job pour l'été.	*I am looking for a job for the summer.*
Vous avez de l'expérience?	*Have you any experience?*
Je travaille depuis un an dans un café.	*I have worked for a year in a café.*
Quel est votre numéro de téléphone?	*What is your phone number?*
Mon numéro de téléphone, c'est …	*My phone number is …*
Pouvez-vous venir me voir?	*Can you come to see me?*
Bien sûr	*Of course*
À quelle heure?	*What time?*
Il vous rappellera dès son retour.	*He will call you when he returns.*

Un entretien — *An interview*

Asseyez-vous, s'il vous plaît.	*Sit down please.*
Quel poste vous intéresse?	*Which job are you interested in?*
Le poste de …	*The job of …*
Vous avez de l'expérience?	*Have you any experience?*
J'ai fait un stage.	*I've done a work placement.*
Je travaille dans …	*I work in …*
Quelles langues parlez-vous?	*What languages do you speak?*
Je parle le français.	*I speak French.*
Quand pouvez-vous commencer?	*When can you start?*
Je peux commencer la semaine prochaine.	*I can start next week.*
Quels sont les horaires de travail?	*What are the working hours?*
Vous travaillez de six heures à midi.	*You work from 6.00–12.00.*
Vous avez un jour de congé.	*You have one day off.*
Vous gagnez 12€ par heure.	*You earn 12€ per hour.*

Les boissons — *Drinks*

les boissons chaudes	*hot drinks*
le café	*black coffee*
le café au lait	*white coffee*
le chocolat chaud	*hot chocolate*
le thé	*tea (black)*
le thé au citron	*lemon tea*
le thé au lait	*white tea*
les boissons froides	*cold drinks*
la bière blonde (à la pression)	*(draught) lager*
le coca	*cola*
l'eau minérale gazeuse/ non gazeuse	*sparkling/still mineral water*
le jus d'ananas/ d'orange/de pommes	*pineapple/orange/ apple juice*
la limonade	*lemonade*
le vin blanc/rouge	*white/red wine*

Les casse-croûtes — *Snacks*

un croque-monsieur	*cheese on toast with ham*
des frites	*chips*
un paquet de chips	*a packet of crisps*
un sandwich …	*a … sandwich*
aux crevettes	*prawn*
au fromage	*cheese*
au jambon	*ham*
au poulet	*chicken*
au thon	*tuna*
avec de la salade	*with salad*
avec de la mayonnaise	*with mayonnaise*
avec du ketchup	*with ketchup*

Au café — *In the café*

Vous désirez?	*What would you like?*
Je voudrais …	*I would like …*
C'est tout?	*Is that all?*
Oui, c'est tout.	*Yes that's all.*
C'est combien?	*How much is it?*

Au restaurant — *In the restaurant*

Bonsoir	*Good evening*
Je voudrais réserver une table	*I would like to reserve a table*
dans l'espace non-fumeurs	*in the non-smoking area*
Pour combien de personnes?	*For how many people?*
Pour quatre personnes.	*For four people.*
À quel nom?	*In what name?*
C'est noté, monsieur.	*I've noted that, sir.*
J'ai réservé une table au nom de Smith.	*I have reserved a table in the name of Smith.*
Venez par ici.	*Come this way.*
Voici la carte.	*Here is the menu.*
Je peux avoir la carte?	*May I have the menu?*
Vous avez choisi?	*Have you chosen?*
Nous voudrions le menu à 15€.	*We would like the 15€ menu please.*
Je vous écoute.	*Go ahead. (taking someone's order)*
Comme entrée?	*What would you like as a starter?*
Et comme plat principal?	*And as a main course?*
Et comme dessert?	*And as a dessert?*
Et comme boisson?	*Would you like something to drink?*

La carte — *The menu*

Service non compris	*Service not included*
le bifteck	*steak*
le bœuf bourguignon	*beef casserole*
le canard	*duck*
les champignons (sauvages)	*(wild) mushrooms*
le cocktail de crevettes	*prawn cocktail*
les crudités	*raw vegetable salad*
le fromage	*cheese*
la glace	*ice-cream*
les haricots verts	*green beans*
les moules	*mussels*
la mousse au chocolat	*chocolate mousse*
l'omelette (nature)	*(plain) omelette*
le pâté	*pâté*
les pommes frites	*chips*
les pommes vapeur	*steamed potatoes*
le potage de poulet	*chicken soup*
le poulet	*chicken*
le riz	*rice*
le rosbif	*roast beef*
la salade (de fruits)	*(fruit) salad*
la salade composée	*mixed salad*
le saumon	*salmon*
la soupe (à l'oignon)	*(onion) soup*
les tomates	*tomatoes*
une bière	*a beer*
une bouteille d'eau minérale/ de vin blanc/rouge	*a bottle of mineral water/ white/red wine*

Les allergies — *Allergies*

Je suis allergique	*I am allergic*
au poisson	*to fish*
à la viande	*to meat*
à la volaille	*to poultry*
aux fruits de mer	*to seafood*
aux produits laitiers	*to dairy products*
Je suis vegétarien(ne)	*I am vegetarian*
Je suis au régime	*I am on a diet*
J'aime/Je n'aime pas l'ail.	*I like/don't like garlic.*

Les problèmes — *Problems*

Il y a un problème?	*Do you have a problem?*
L'addition n'est pas juste.	*The bill is wrong.*
Je n'ai pas commandé ça.	*I didn't order this.*
Ce verre n'est pas propre.	*This glass is not clean.*
Il n'y a pas de poivre.	*There is no pepper.*
Ce couteau est sale.	*This knife is dirty.*
Il y a un insecte dans la salade.	*There is an insect in the salad.*
Je n'ai pas de cuillère.	*I have no spoon.*
Cette fourchette n'est pas propre.	*This fork is not clean.*
C'est trop salé!	*It's too salty!*
Ces moules sont froides.	*These mussels are cold.*

Les questions — *Questions*

Avez-vous du ketchup?	*Do you have any ketchup?*
On peut avoir encore du pain?	*May we have more bread?*
L'addition, s'il vous plaît.	*The bill, please.*
Acceptez-vous les cartes de crédit?	*Do you accept credit cards?*

Ma journée typique — *My typical day*

Tu te lèves à quelle heure?	*What time do you get up?*
Je me lève à …	*I get up at …*
Qu'est-ce que tu prends au petit déjeuner?	*What do you have for breakfast?*
Je prends …	*I have …*
Je quitte la maison	*I leave the house*
Je rentre	*I return*
Comment vas-tu au collège?	*How do you get to school?*
Je vais …	*I go …*
Qu'est-ce que tu fais le soir?	*What do you do during the evening?*
Je dîne	*I have dinner*
Quand est-ce que tu te couches?	*When do you go to bed?*
Je me couche vers …	*I go to bed around …*

Dans un cybercafé

1 Pourquoi est-ce que tu viens ici?

a Salut, Kévin!

Grosses bises, Amélie

b

c

d

e

f

1 *Écouter* **Pourquoi est-ce que tu viens ici? Écoute les internautes dans le cybercafé et trouve l'image qui correspond à chaque conversation. (1–6)**

Exemple: **1** c

Remember: you can use **pour** + the infinitive ('to … '/'in order to … ') to give a reason for doing something. Justifying your opinions with structures like this will help you gain more marks in the exam.

Je viens ici **pour jouer** aux jeux vidéo – I come here (in order) to play video games.

2 *Écrire* **Qu'est-ce qu'on peut faire dans un cybercafé? Copie les phrases et remplis les blancs.**

1 On peut __surfer__ sur Internet.

2 On peut _____ un courrier électronique.

3 Je viens pour _____ de la musique.

4 On peut _____ des informations.

5 On peut _____ un hôtel.

6 On peut _____ des documents.

7 Je viens ici pour _____ la météo.

prendre **surfer** écrire
imprimer écouter regarder
jouer envoyer chercher
trouver

8 On peut _____ aux jeux vidéo.

9 Je vais au cybercafé pour _____ une lettre.

10 On peut _____ une boisson.

3 *Parler* **À deux. Choisis une activité de l'exercice 2. Ton/Ta partenaire doit expliquer ce qu'on peut faire dans le cybercafé.**

▲ Musique

▼ *On peut écouter de la musique.*

What do all the words in the box in exercise 2 have in common?

What does this mean about the structure **on peut**?

Can you find examples of other structures like this in exercise 4?

4 *Écrire* **Regarde l'image et remplis les blancs dans les phrases. Puis traduis les phrases en anglais.**

1 Si on veut écouter de la musique, il faut avoir _____ .

2 Pour envoyer un fax, il faut utiliser _____ .

3 Si on veut surfer sur Internet, on a besoin d' _____ .

4 On peut acheter une boisson dans _____ .

5 Pour taper, il faut avoir _____ .

6 Si on veut imprimer un document, il faut avoir _____ .

7 Pour faire une photocopie, on a besoin d' _____ .

8 Pour graver un CD, il faut utiliser _____ .

9 Pour cliquer sur les icônes, il faut avoir _____ .

10 Pour regarder les images, on a besoin d' _____ .

un distributeur automatique

une photocopieuse

un ordinateur

un fax

un graveur de CD

un écran

un clavier

une souris

un tapis de souris

une imprimante

des écouteurs

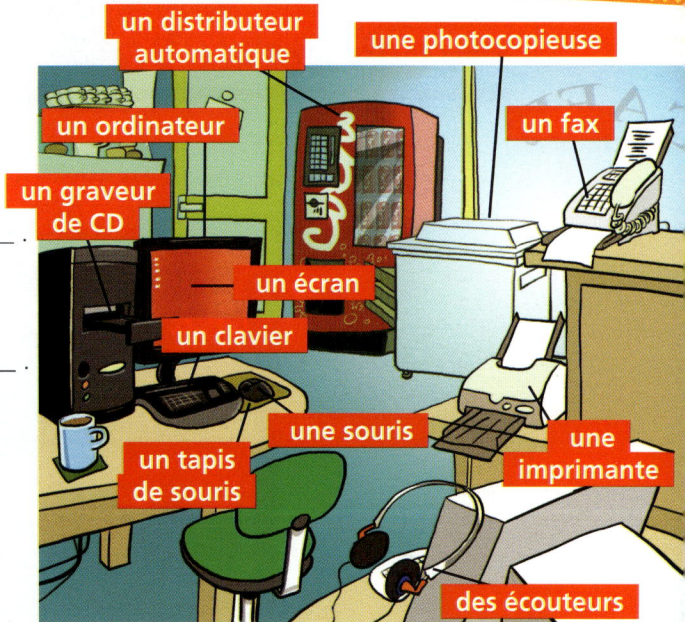

on a besoin de/d' … – you need …
on a besoin d'un graveur de CD – you need a CD writer

---

5 *Écouter* **Écoute, copie et remplis les prix. (1–8)**

TARIF

Pour surfer sur Internet	
une demi-heure	5€
une heure	___
Pour imprimer un document	___
Pour envoyer un fax	___
Pour faire une photocopie	
(A4) (N & B) ___ Couleur ___	
(A3) (N & B) ___ Couleur ___	
Pour graver un CD	___
Boissons (distributeur automatique)	___
Sandwichs	___
Hamburgers	___
Hot-dogs	___

6 *Parler* **Utilise les prix de l'exercice 5. Tu travailles dans le cybercafé et ton/ta partenaire est un(e) client(e). Il/Elle te pose des questions et tu réponds.**

▲ Bonjour! Nous voulons surfer sur Internet. C'est combien?

▼ *Si vous voulez surfer sur Internet, ça coûte 5€ pour une demi-heure.*

▲ Si je veux faire une photocopie A4, c'est combien?

▼ *Ça coûte 2€ la page.*

---

7 *Écrire* **Utilise les réponses à l'exercice 6 pour écrire des phrases.**

Exemple: **Pour acheter** un hot-dog, ça coûte cinq euros.
Pour surfer sur Internet pendant une demi-heure, …

2 Je cherche des renseignements

1 *Lire* **Regarde la page web. C'est quelle icône?**

Exemple: **1** h

L'ÎLE DE MADAGASCAR

1	Découverte
2	Hébergement
3	Restauration
4	Conseils médicaux et sanitaires
5	Cartographie
6	Nature
7	Jeux et sports malgaches
8	Transports
9	Météo
10	Monnaie

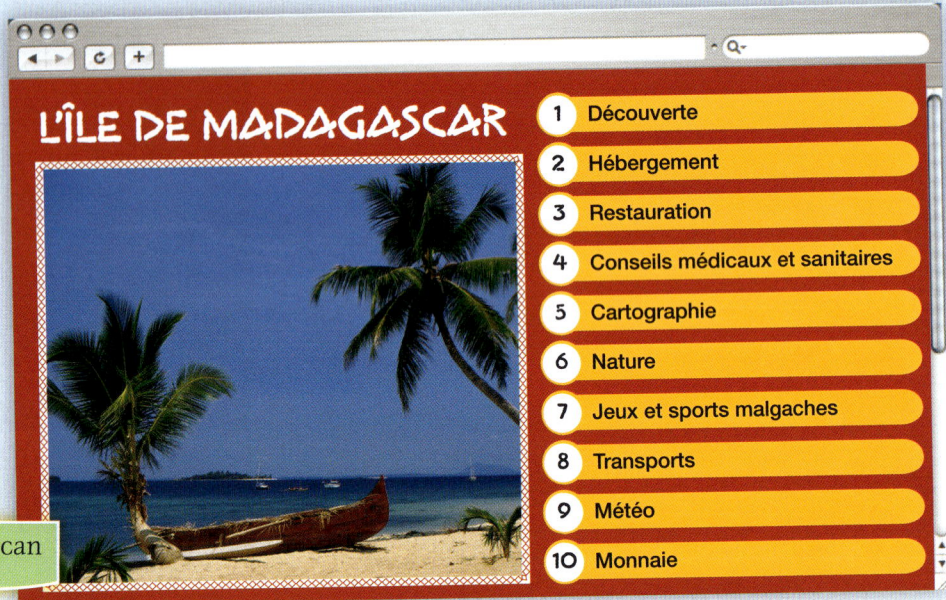

malgaches – Madagascan

a   b   c   d   e

f   g   h   i   j

2 *Lire* **Regarde la page web. Il faut cliquer sur quel bouton?**

1 Si on veut réserver un hôtel. *Bouton 2*

2 Si on veut voyager sur l'île.

3 Si on veut savoir quelles sont les cartes de crédit acceptées.

4 Si on veut avoir une carte de Madagascar.

5 Si on veut trouver un restaurant.

6 Si on veut avoir des informations sur les sites touristiques.

savoir – to know
une trousse médicale – a first aid kit

7 Si on veut savoir quelles sortes d'animaux on peut voir.

8 Si on veut jouer à un sport traditionnel.

9 Si on veut savoir ce qu'il faut mettre dans une trousse médicale.

10 Si on veut savoir la température qu'il fait.

3 *Parler* À deux. Tu travailles dans un cybercafé. On trouve les informations sur la page web comment? Explique à ton/ta partenaire, un(e) client(e).

▲ Pour avoir des informations sur les sites touristiques, il faut cliquer sur le bouton 1.

4 *Écouter* Tu cherches une destination francophone pour tes vacances. Écoute la météo et remplis la grille pour comparer les destinations.

	France	Madagascar	Guadeloupe	Suisse	Québec
Météo					
Température					

il fait beau
il fait du brouillard
il fait chaud
il fait du vent
il fait froid
il pleut
il fait du soleil
il neige

en contexte

To compare things:

L'Autriche est **moins** grande **que** l'Allemagne. – Austria is **less** big **than** Germany.

L'Afrique est le continent **le plus** chaud du monde. – Africa is the **hottest** continent in the world.

Grammaire 2.4

l'Afrique (f)   l'Europe (f)
l'Amérique (f)   l'Allemagne (f)
l'Autriche (f)   la Belgique
le Canada   la Grèce
les Pays-Bas   l'Espagne (f)
le Luxembourg   le Royaume-Uni
l'Écosse (f)   le Pays de Galles

5 *Parler* À deux. Invente d'autres phrases pour comparer les pays.

▲ C'est comment l'Espagne?

▼ *Il fait plus chaud en Espagne qu'en France.*

▲ Les Pays-Bas sont moins grands que la France?

▼ *Oui, mais les Pays-Bas sont moins grands que la France.*

pluvieux/pluvieuse – rainy
bas/basse – low
haut(e) – high
montagneux/montagneuse – mountainous
grand(e) – big
petit(e) –small

6 *Écrire* Tu parles à une jeune personne sur Internet. Réponds à ses questions.

Il fait quel temps aujourd'hui en Angleterre?

Il fait quelle température?

Il fait plus beau au nord ou au sud du pays?

Tu es déjà allé en Espagne?

C'est comment?

3 Au carnaval de Québec

➤ Inviting others and responding to invitations

➤ The informal imperative

1 *Lire* **Tu trouves un site sur le carnaval de Québec. Lis les légendes (1–7) et choisis la bonne description (a–g) pour chaque légende.**

1 snow sculptures

2 bathing in snow

3 processions

4 paintings

5 children meeting a snowman

6 banger racing

7 canine agility

Le carnaval de Québec est le carnaval d'hiver le plus grand du monde. Il dure 17 jours. Voici quelques attractions du carnaval:

a Ne manquez pas le bain de neige! Soixante-quinze braves participants en maillot de bain «nagent»!

b Il y a aussi une compétition d'agilité canine sur neige.

c Laissez les petits entre 4 et 7 ans pendant une ou deux heures dans le village pour les enfants. Il y a des jeux avec des moniteurs et monitrices et les enfants ont rendez-vous avec le Bonhomme!

d La course de tacots est une activité amusante. Il y a trois classes de compétiteurs, 10-13 ans garçons et filles, 14-17 ans garçons et filles, et adultes hommes et femmes.

e Regardez le défilé dans les rues de la ville. Fanfares, clowns et animations de toutes sortes font aussi partie du spectacle.

f Pendant cinq jours, on peut voir les artistes qui font des peintures sur le thème du carnaval. Les visiteurs peuvent voter pour leur artiste favori.

g Visitez le grand musée de glace où des sculpteurs viennent donner vie aux blocs de neige.

> **tacot** – banger (car)
> **bonhomme** – snowman
> **peinture** – painting

2 *Lire* **Relis le texte et trouve au moins huit mots qui ressemblent aux mots anglais.**

> **Exemple**: carnaval – *carnival*

3 *Écrire* **Écris des conseils à des amis. Change les mots soulignés. Utilise les mots dans les cases pour t'aider.**

> **Exemple**: Si tu aimes la sculpture, ne manque pas la compétition de sculpture sur neige.

en contexte

Grammaire 3.8

To give instructions or advice to people you address as **tu**, use the informal imperative. This is the **tu** form of the verb minus **tu**; with **-er** verbs, you also lose the **s** at the end of the verb (visite~~s~~ → visite). **Visite** le musée – Visit the museum Ne **manque** pas ... – Don't miss ...

les animaux
les spectacles
les courses automobiles
la peinture
rire
le Bonhomme

les artistes
le village pour les enfants
le défilé
le bain de neige
la compétition d'agilité canine
la course de tacots

4 *Écouter* **Tu organises ce que tu veux faire pendant le carnaval. Écoute les informations à la radio et remplis la grille.**

Activité	Jour	Date	Heure
Le village pour les enfants	samedi	le 28 février	Entre 10 et 16 heures

5 *Parler* **À deux. Prépare une conversation téléphonique pour inviter ton ami(e) français(e) au carnaval.**

Est-ce que tu voudrais	aller regarder voir	au carnaval? le défilé? les artistes? les sculptures sur neige?
Tu as envie de/d'	sortir	avec moi?
On va	au défilé	aujourd'hui?

C'est … quand/quel jour/quelle date? à quelle heure?	C'est … lundi 24 janvier à 10 heures.
J'aime Je n'aime pas	le poisson, la quiche, les oignons, l'ail

Pour accepter	D'accord./Bien sûr./Je veux bien./Bonne idée!/Avec plaisir.
Pour s'excuser	Je m'excuse./Je suis désolé(e)./Je regrette./C'est dommage.
Pour refuser	Je ne peux pas./Ça ne me dit rien./Je ne suis pas libre.

6 *Écrire* **Mets les mots dans le bon ordre.**

1 regarder veux le Tu défilé?

2 peux ce Je pas ne sortir soir.

3 que voudrais voir tu Est-ce les sculptures sur neige?

4 suis désolé, mais Je suis pas ne je libre.

5 tu que aller Est-ce carnaval au voudrais avec moi?

6 bien voir veux les Je artistes.

7 *Écouter* **Écoute les conversations. (1–8)**

a Note l'activité.

b L'invité(e) voudrait y aller: oui ou non?

Exemple: **1** Le village pour les enfants – non.

> Thinking about structures will help you here.
> Remember **tu veux/peux/as envie de** + infinitive.
> When this kind of structure is negative, **ne … pas** goes round the first verb only.
> Tu **ne** peux **pas** sortir.
> Je **n'**ai **pas** envie de sortir.

4 On parle des pays francophones

➤ Taking about French-speaking countries

1 *Lire* Lis les renseignements sur le site. Puis lis les phrases. C'est vrai ou faux? Corrige les phrases fausses.

1 En Algérie, il fait beau et la température est de dix-huit degrés.

2 On ne peut pas utiliser un téléphone portable du réseau Orange si on veut voyager en Guadeloupe.

3 La monnaie de la Suisse est l'euro.

4 Il fait plus chaud en Algérie qu'en Guadeloupe.

5 Il y a quatre réseaux pour les téléphones portables au Canada.

6 Il fait plus froid au Canada qu'en Suisse.

7 Il pleut pendant la journée en Algérie.

lespaysfranco.com

Des renseignements pour votre voyage dans des pays francophones

	En Guadeloupe	En Algérie	En Suisse	Au Canada
Quelle est la météo aujourd'hui?	Soleil, orageux le soir	Beau, vent fort, soleil Pluie le soir	Brouillard, neige l'après-midi	Neige, nuageux Très froid
Quelle est la température actuelle?	30–32 degrés	16–18 degrés	−2−−4 degrés	−10−−12 degrés
Quelle est la monnaie?	Euro Cliquer ici pour le taux d'échange	Dinar (DZD) Cliquer ici pour le taux d'échange	Franc suisse (FCH) Cliquer ici pour le taux d'échange	$ canadien Cliquer ici pour le taux d'échange
Quel réseau peut-on utiliser pour les téléphones portables?	Boatphone Orange	Irascom Mobilis Wataniya	Swisscom Orange Sunrise	Bell Mobility Microcell Fido Rogers Wireless Telus Mobility

orageux – stormy
pluie – rain
nuageux – cloudy

2 Parler À deux. Utilise le site pour poser des questions ou pour y répondre.

▲ Il fait quelle température actuellement en Guadeloupe?

▼ *Il fait actuellement en Guadeloupe entre trente et trente-deux degrés.*

▲ Quelle est la monnaie en Algérie?

▼ *La monnaie en Algérie est le dinar.*

3 Lire Tu es dans un chat-room: tu tapes des messages et reçois ces réponses. Lis la conversation et choisis les bonnes réponses.

Salut! Je m'appelle Luc.

Salut! Je suis Brigitte.

Quels pays francophones as-tu déjà visités?

J'ai visité le Maroc, le Canada et la Martinique.

Quel temps faisait-il en Martinique?

Il faisait très chaud!

Qu'est-ce que tu as fait là-bas?

Je suis allée à la plage, j'ai joué au volley et j'ai visité la cathédrale Saint-Louis. C'était extra.

Qu'est-ce que tu as fait au Canada?

J'ai passé trois semaines au Canada, à Québec pour le carnaval.

Vraiment! J'ai vu un site sur le carnaval! C'était comment?

C'était super! Il faisait très froid.

Qu'est-ce que tu as vu?

J'ai vu le bain de neige, les sculptures sur neige et la compétition d'agilité canine.

Qu'est-ce que tu vas faire cette année?

Je voudrais partir en Italie, mais c'est trop cher. Alors, je vais rester en France. Et toi?

1 Brigitte a visité **deux/trois/quatre** pays francophones.

2 En Martinique il faisait **beau/froid/du vent**.

3 Elle a **aimé/détesté** les vacances en Martinique.

4 Elle a passé trois **jours/semaines/mois** à Québec.

5 Elle n'a pas vu **les sculptures sur neige/le bonhomme/les chiens**.

6 Cette année, elle va **partir en Italie/rester en France/aller au carnaval**.

When you are describing what the weather was like in the past, use the imperfect.

Il **faisait** beau.

Il y **avait** du brouillard.

4 Écouter Écoute et remplis la grille. (1–5)

	Destination	Durée du séjour	Temps
1	Algérie	2 semaines	il faisait froid
2			

5 Écrire Écris six phrases différentes pour décrire des vacances passées (vraies ou imaginaires!). Change les détails en rouge.

Exemple: En 2000, j'ai passé deux semaines en Espagne et il faisait froid! C'était affreux!

🙂	☹️
super intéressant génial extra cool magnifique fantastique	affreux ennuyeux terrible barbant nul
	pas mal 😐

5 Le shopping sur Internet

➤ Researching what you want to buy online
➤ Ordering by phone

1 *Lire* **Tu veux trouver le meilleur téléphone cellulaire. Lis les informations sur le site et trouve le français.**

À Tout Petit prix

🔒 **Mon compte**   🧺 **Panier**

Nyos X3 téléphone cellulaire avec appareil photo numérique et radio FM. Sonnerie polyphonique. Matériau du boîtier: plastique, aluminium. Couleur: Argent.

L'édito: Un appareil photo quand vous voulez capturer un moment amusant.
Un mobile que vous pouvez utiliser pour la messagerie SMS et MMS. Même un caméscope! Vous pouvez aussi enregistrer des clips vidéo. Et puis, quand vous voulez écouter de la musique, c'est aussi une radio FM!

Meilleur prix: 135€

Nº d'articles: 37 occasion – 11 neuf
Cliquez ici pour vendre le vôtre.

Gumsang 100 téléphone cellulaire avec appareil photo numérique.
Sonnerie polyphonique sur 40 tons. Couleur du boîtier: Argent métallisé

L'édito: Si vous aimez faire des photos, ce téléphone vous convient! Zoom, envoi et réception de messages MMS.

Meilleur prix: 125€

Nº d'articles: 10 occasion – 1 neuf
Cliquez ici pour vendre le vôtre.

Kiona 2301 téléphone cellulaire avec appareil photo numérique, MP3, reconnaissance vocale et modem intégré. Couleur du boîtier: Noir.

L'édito: Ce téléphone a une mémoire pour 500 noms et numéros. Vous pouvez surfer sur Internet, télécharger vos chansons préférées et les écouter plus tard!

Meilleur prix: 570€

Nº d'articles: 5 occasion – 2 neuf
Cliquez ici pour vendre le vôtre.

1 Digital camera
2 Mobile phone
3 Polyphonic ringtones
4 Voice recognition
5 Download
6 Record video clips
7 Sending and receiving
8 Sell yours
9 Second-hand
10 New
11 Built-in modem
12 Camcorder
13 Songs
14 Case
15 Best price

2 *Parler* **À deux. Discute des téléphones sur le site et parle des autres téléphones cellulaires que tu connais. Change les détails en rouge.**

▲ Qu'est-ce qu'on peut faire avec le téléphone Nyos X3?

▼ …

▲ C'est combien le téléphone Nyos X3?

▼ *Le meilleur prix, c'est 135€.*

On peut	
	prendre des photos
	enregistrer des clips vidéo
	écouter de la musique
	télécharger des chansons
	envoyer des messages MMS et des SMS
	surfer sur Internet

3 *Écrire* **Écris un e-mail à ton copain pour décrire un téléphone cellulaire que tu voudrais acheter.**

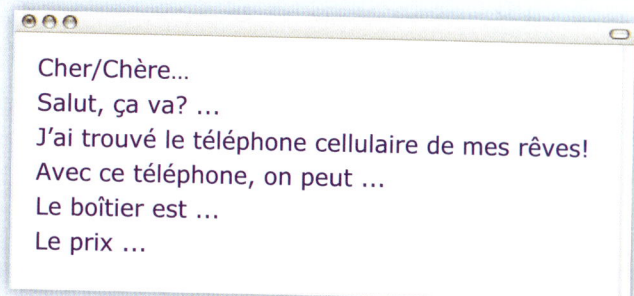

Cher/Chère…
Salut, ça va? …
J'ai trouvé le téléphone cellulaire de mes rêves!
Avec ce téléphone, on peut …
Le boîtier est …
Le prix …

de mes rêves – of my dreams

8

4 *Lire* Ta chef veut acheter quelques produits du carnaval de Québec, donc tu as fait des recherches. Écris un e-mail en anglais pour expliquer exactement ce qu'elle peut acheter. Utilise ces titres: *Clothing, Decorations, Gifts for children*.

⊃ **Casquette** noire en coton brossé avec logo officiel du Carnaval de Québec brodé en bleu, blanc et rouge. $8.99

⊃ **Chapeau** à motifs de flocons, identifié au Carnaval de Québec. Offert en noir ou en rouge. $12.99

⊃ **Foulard** pratique fait de lainage à l'emblème du Carnaval de Québec. Offert en noir ou en rouge. $11.99

⊃ **Autocollant** du Bonhomme Carnaval. Format: 24,4 x 25,4 cm $2.49

⊃ **Ballon** gonflable «Joyeux Carnaval» $0.49

⊃ **Cahier d'activités** de 12 pages avec 14 activités, destinées aux enfants de 12 ans et moins. $9.99

⊃ **Beanie** – réplique du Bonhomme faite 100% polyester. $2.00

la livraison – delivery

5 *Écouter* Écoute les conversations, puis copie et remplis la grille. Note les produits, la quantité et le prix. (1–4)

	Produit	Quantité	Prix
1	Casquettes	10	$89,90
2			

6 *Lire* Pour passer une commande par téléphone. Fais correspondre l'anglais et le français.

Exemple: **1** d

1 I would like to place an order.
2 Of course, sir.
3 What would you like to order?
4 I would like to order a black cap.
5 Is that all?
6 How much is delivery?
7 Delivery is $10.
8 What is your address?
9 I would like to pay by credit card.
10 How would you like to pay?

a C'est tout?
b La livraison coûte dix dollars.
c Comment voudriez-vous payer?
d Je voudrais passer une commande.
e Quelle est votre adresse?
f Je voudrais payer avec ma carte de crédit.
g Bien sûr, monsieur.
h Je voudrais commander une casquette noire.
i Qu'est-ce que vous voudriez commander?
j C'est combien, la livraison?

7 *Parler* À deux. Prépare une conversation avec ton/ta partenaire pour passer une commande pour des produits du carnaval.

À l'oral

1 Jeu de rôle 💬

You are working in an internet café in England; your partner is a French customer. Use the price list to ask and answer questions.

Exemple: C'est combien pour envoyer un fax?
Pour envoyer un fax, ça coûte 50p la page.

Remember, as you are in England, the prices are in pounds (**livres sterling**).

Price List

- Internet connection £1/half an hour £1.75 hour
- Printing 2p page black and white. 5p page colour
- Fax 50p page
- Photocopies 6p A4 10p A3 (Black and white only)
- Drinks £1.25 bottle

2 Jeu de rôle 💬

You would like to order some items from a website. You telephone to place the order as the online ordering service is down.

A
- ◆ Allô! Compagnie Dupont.
- ◆ Bien sûr. Qu'est-ce que vous voudriez?
- ◆ C'est tout?
- ◆ Comment voudriez-vous payer?
- ◆ Le numéro de la carte, s'il vous plaît.
- ◆ La livraison, c'est 5€. Votre adresse, s'il vous plaît.

B
- ● Say hello. Say you would like to place an order.
- ● Say you would like a blue scarf and a black cap.
- ● Say yes, that's all.
- ● Say with a credit card.
- ● Give the card number. Ask how much delivery is.
- ● Give your address.

Mini presentation

Investigate a French-speaking country on the internet and give a one minute presentation about your plans to visit the country. Use the bullet points to help you.

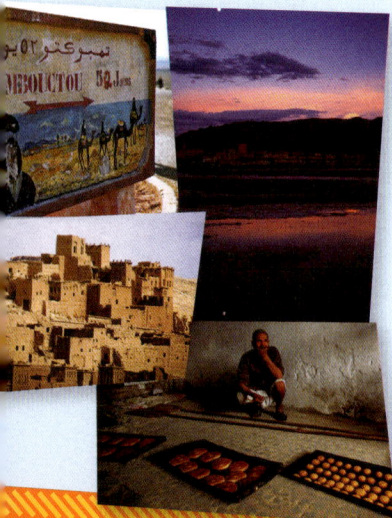

When and where you are intending to go and with whom	→ Au mois de ... je vais visiter ... avec ...
Where the place is	→ ... est en Afrique/en Europe/ aux Caraïbes/au Canada.
Why you have chosen this destination	→ J'ai choisi ... parce que ...
Activities you can do (see p.12)	→ On peut ...
Attractions of the country (see p.70)	→ Il y a ...
Things you like	→ J'aime ...
What the weather is like there at the time you plan to travel	→ En été/hiver, il fait normalement ... Il fait ... degrés.

It is a good idea to practise with a partner and get some comments from them on your performance. You could also record some practice presentations on tape so that you can time them and listen to see if they sound fluent.

À l'écrit

1 Design a leaflet in French for an internet café describing where it is, the services available, the opening hours and the prices. Be sure to write in full sentences.

Cybercafé

You could use some of these phrases:

Le cybercafé … est situé …
On peut …
Ne manquez pas …
Envoyez …
Surfez …
Imprimez …
Les heures d'ouverture sont …
Pour … le prix est …

2 Write an informal letter to a French friend you have met online describing your plans to visit a French-speaking country. Use the suggestions in the mini presentation on p.116 to help you.

Introduction

Head up and begin your letter.
Say you are writing to find out their opinions on French-speaking countries **(pour trouver tes opinions sur les pays Francophones)** because you want to visit one soon.

Paragraph I (Remember to use the past tense – see page 175)

Say which French-speaking countries you have already visited (you can use your imagination if you wish), what the weather was like and what you did there.
Ask which French-speaking countries they have visited and their opinions.

Paragraph 2 (Use **je voudrais** + infinitive)

Say which French-speaking country you would like to visit and why (weather, activities).
Say when you would like to visit, what you would like to do there and where you would like to stay. Ask if there is a French-speaking country they would like to visit.

End your letter appropriately.

Use the following structure when writing an informal letter.

a On the right hand side of your page write the town you are writing from, a comma and the date, e.g. **Cardiff, le 6 juin**

b On the next line on the left begin your letter by writing 'dear' **Cher** (when writing to a male person) **Chère** (when writing to a female person)

c Start your letter with an opening phrase or two, e.g. **Salut! Ça va? Moi, ça va bien. Merci beaucoup pour ta lettre.**

d Say why you are writing. **Je t'écris parce que/pour …**

e End your letter with: **amitiés** – very best wishes **amicalement** – regards **je t'embrasse/grosses bises** – love from

Module 8 Mots

Dans le cybercafé — *In the internet café*

On peut ...	*You can ...*
Je viens ici pour ...	*I come here to ...*
Je veux ...	*I want to ...*
Nous voulons ...	*We want to ...*
Si vous voulez …	*If you want to ...*
chercher des informations	*look for information*
cliquer sur les icônes	*click on the icons*
écouter de la musique	*listen to music*
écrire un courrier électronique	*write an e-mail*
envoyer un fax	*send a fax*
faire une photocopie	*make a photocopy*
graver un CD	*burn a CD*
imprimer un document	*print a document*
jouer aux jeux vidéo	*play video games*
manger un hamburger	*eat a hamburger*
prendre une boisson	*have a drink*
regarder la météo	*watch the weather forecast*
savoir la température qu'il fait	*to know the temperature*
surfer sur Internet	*surf the net*
taper	*type*

On a besoin de/d' ... — *You need ...*

des écouteurs	*headphones*
un clavier	*a keyboard*
un distributeur	*a vending machine*
un graveur de CD	*a CD burner*
une imprimante	*a printer*
un écran	*a monitor*
une photocopieuse	*a photocopier*
une souris	*a mouse*
un tapis de souris	*a mousemat*
un fax	*a fax machine*

Les prix — *The prices*

Ça coûte 2€ ...	*It costs 2€ ...*
pour une (demi-) heure	*for (half) an hour*
imprimer	*to print*
la page	*per page*
N & B (noir et blanc)	*black and white*
couleur	*colour*

La météo — *The weather forecast*

il fait beau	*it is nice weather*
il fait chaud	*it is hot*
il fait froid	*it is cold*
il fait du soleil	*it is sunny*
il fait du brouillard	*it is foggy*
il fait du vent	*it is windy*
il neige	*it is snowing*
il pleut	*it is raining*
pluvieux/pluvieuse	*rainy*
bas/basse	*low*
haut(e)	*high*
montagneux/euse	*mountainous*
grand(e)	*big*
petit(e)	*small*

Les Pays — *Countries*

l'Allemagne	*Germany*
l'Amérique	*America*
l'Autriche	*Austria*
la Belgique	*Belgium*
le Canada	*Canada*
la Corse	*Corsica*
l'Écosse	*Scotland*
l'Espagne	*Spain*
la Grèce	*Greece*
l'Italie	*Italy*
le Luxembourg	*Luxembourg*
le Pays de Galles	*Wales*
les Pays-Bas	*Netherlands*
le Royaume-Uni	*United Kingdom*
l'Afrique	*Africa*
l'Europe	*Europe*

Au carnaval de Québec — *At the Quebec carnival*

les artistes	*artists*
le bain de neige	*snow bath*
la course de tacots	*banger racing*
la compétition d'agilité canine	*dog agility competition*
le défilé	*procession*
les sculptures sur neige	*snow sculptures*
le village pour les enfants	*children's village*

Les invitations — *Invitations*

(Est-ce que) tu voudrais …?	*Would you like to …?*
Tu as envie de/d'…?	*Do you feel like …?*
aller au carnaval	*go(ing) to the carnival*
regarder le défilé	*watch(ing) the procession*
voir les artistes	*see(ing) the artists*
On va à la course de tacots?	*How about if we went to the banger racing?*
C'est quand?	*When is it?*
C'est quel jour/quelle date?	*What day/date is it?*
C'est à quelle heure?	*What time is it?*
C'est …	*It's …*
D'accord	*OK*
bien sûr	*of course*
je veux bien	*I'd like to*
bonne idée	*good idea*
avec plaisir	*with pleasure*
je m'excuse/ je suis désolé(e)	*I'm sorry*
je regrette	*I regret*
C'est dommage.	*It's a pity.*
Je ne peux pas.	*I can't.*
Ça ne me dit rien.	*I don't fancy it.*
Je ne suis pas libre.	*I'm not free.*

On parle des pays francophones — *Talking about French-speaking countries*

Quel temps fait-il?	*What is the weather forecast?*
Quelle température fait-il actuellement?	*What is the current temperature?*
Quelle est la monnaie?	*What is the currency?*
Quel réseau peut-on utiliser pour les téléphones portables?	*What mobile phone network can you use?*
Quels pays francophones as-tu déjà visités?	*What French-speaking countries have you visited?*
J'ai visité …	*I have visited …*
Quel temps faisait-il en …?	*What was the weather like in …?*
Il faisait …	*It was …*
Qu'est-ce que tu as fait/vu?	*What did you do/see?*
J'ai vu …	*I saw …*
Je suis allé(e) …	*I went …*
C'était comment?	*How was it?*
affreux	*awful*
barbant	*boring*
cool	*cool*
ennuyeux	*boring*
extra	*great*
fantastique	*fantastic*
génial	*great*
intéressant	*interesting*
magnifique	*magnificent*
nul	*no good*
pas mal	*not bad*
terrible	*terrible*
Qu'est-ce que tu vas faire cette année?	*What are you going to do this year?*
Cette année, je vais …	*This year I am going to …*

Le shopping sur Internet — *Internet shopping*

un appareil photo numérique	*a digital camera*
le boîtier	*case*
un caméscope	*a camcorder*
mon compte	*my account*
l'envoi	*sending*
la réception	*receiving*
un téléphone cellulaire	*a mobile phone*
la messagerie	*text messaging*
la sonnerie polyphonique	*polyphonic ringtones*
une mémoire	*memory*
enregistrer des clips vidéo	*to take video clips*
le panier	*basket*
prendre des photos	*to take photos*
télécharger des chansons	*to download songs*

Les commandes par téléphone — *Telephone orders*

Je voudrais passer une commande.	*I'd like to place an order.*
Je voudrais commander …	*I'd like to order …*
C'est combien, (la livraison)?	*How much (is delivery)?*
Comment voudriez-vous payer?	*How would you like to pay?*
Je voudrais payer avec ma carte de crédit.	*I'd like to pay by credit card.*
C'est tout?	*Is that all?*
Quelle est votre adresse?	*What is your address?*

9 Un festival français en ville

1 Nous organisons un festival français

1 *Lire* **Lis l'e-mail et réponds aux questions en anglais.**

À: L'hôtel de ville de Calais

Dans la ville de Brighton, nous organisons un festival français qui va durer trois jours au mois de juillet et nous souhaitons proposer les animations suivantes:

1 Il va y avoir un marché français avec des produits comme du fromage, des pâtisseries, du vin, des saucisses et des tissus. Le marché va durer deux jours (samedi 7 juillet et dimanche 8 juillet dans le centre commercial et sur l'esplanade).

2 Il va y avoir un festival de musique française avec des groupes, des chanteurs et chanteuses de France et des pays francophones (vendredi soir, le 6 juillet et samedi soir, le 7 juillet dans le stade municipal).

3 Nous allons organiser des tournois sportifs avec des équipes françaises qui vont jouer contre des équipes anglaises dans les sports suivants:
- la pétanque (samedi 7 juillet sur la plage)
- le cyclisme (course de cyclisme de Londres à Brighton dimanche 8 juillet)
- le football (samedi 7 juillet dans le stade municipal)

Ce festival va être un événement vraiment extraordinaire!
Pour plus de renseignements, veuillez nous contacter
par e-mail à l'adresse suivante: brightontownhall@brighton.gov.uk

> **il va y avoir** – there is going to be
>
> **tissus** – textiles

1 What event is planned in Brighton in July?
2 What details are given about the market which is planned?
3 Who will participate at the music festival?
4 Which three sporting events are planned and when will they take place?

> Remember: to talk about the future you use **aller** + the infinitive.
>
> Nous **allons organiser** un tournoi. – We're going to organise a tournament.
>
> Il **va** y **avoir** un festival de musique. – There is going to be a music festival.

2 *Écouter* **Écoute et note les détails dans la grille en anglais. (1–4)**

	Event discussed	Date	Time	Place	Other details
1	Football tournament	Saturday 7th July	9.00–17.00	Football stadium	Teams 14–18 years and adults
2					

3 *Lire* Des touristes belges ont lu les affiches à Brighton. Réponds à leurs questions en français.

Music festival
Rock, jazz, pop
Artists from all over France and the French speaking world!
Friday 6th July & Saturday 7th July in the football stadium
8.00 pm – midnight
Tickets £15 from the town hall or phone 078543127890

Tour d'Angleterre
London to Brighton
Cycle race for all ages from 14–adult.
Sunday 8th July 8.00 am
Entry £10 per person
Prizes for the winners
Phone 09826867431

Come to the French market!
On the promenade.
French food and wines.
All day Saturday 7th July and Sunday 8th July.

Get a team together to play the French game of pétanque, a fun game rather like bowls.
The tournament will be played on the beach.
Saturday 7th July 10.00 am.
Free entry.
Register on Friday evening at the town hall.

1 C'est quand, le marché français?
2 C'est quand, le tournoi de pétanque?
3 C'est quand, le festival de musique?
4 C'est quand, la course de cyclisme?
5 Le festival de musique va durer combien de temps?
6 C'est combien, l'entrée au festival de musique?
7 C'est combien, l'entrée au tournoi de pétanque?
8 Qu'est-ce qu'on peut acheter au marché?
9 C'est où, le tournoi de pétanque?
10 La course de cyclisme va commencer à quelle heure?

4 *Écrire* Choisis deux animations de l'exercice 3 et écris un e-mail pour inviter un copain français.

5 *Parler* À deux. Utilise les posters et les questions dans l'exercice 3 pour préparer une conversation avec ton/ta partenaire. Invente d'autres questions.

Cher/Chère …
Il va y avoir un festival français à Brighton – There is going to be a French festival in Brighton
Je veux bien y aller – I'd like to go there
Il va y avoir … – There is going to be …
… va commencer …/va finir …/va durer … – … will start/will end/will last …
Tu veux m'accompagner? – Would you like to come with me?
Don't forget to use **tu** when writing to a friend.

2 On voyage en Angleterre

1 *Lire* **Tu travailles dans une agence de voyages à Paris. Lis la brochure et réponds aux questions des clients américains qui voudraient aller en Angleterre. Réponds aux questions en anglais.**

Avec Eurostar, vous pouvez voyager du cœur de Paris au cœur de Londres directement, sans transfert. Il ne faut pas faire la queue comme à l'aéroport. Avec Eurostar, tout est plus facile! Si vous avez envie d'un rafraîchissement, nous vous offrons un choix de boissons et snacks de qualité au bar buffet de la classe Standard. Si vous voyagez en Loisir Select ou en Business Premier, nous vous servons repas et champagne à votre place. Votre voyage va être une expérience inoubliable!

Votre voyage

Départ de
Paris (Gare du Nord)

Destination
Londres (Gare Waterloo International)

Dans les terminaux
Il y a des cafés, un bureau de change, des kiosques à journaux, un service des bagages perdus et des distributeurs d'argent. Eurostar est fier d'offrir à ses voyageurs un accès Internet Wi-Fi dans les terminaux suivants: Paris (Gare du Nord), Londres (Waterloo International), Ashford International, Bruxelles (Midi).

Départ le 4 juillet

Aller 04 juillet

Numéro de train	9025	9031	9039	9043
Départ Gare du Nord	**11h43**	**13h04**	**15h19**	**16h07**
Arrivée Waterloo International	12h25	14h53	16h55	17h56
Changements	0	0	0	0
Durée	02h42	02h49	02h36	02h49

Combinez et économisez!
En réservant ensemble votre train et votre hôtel, nous vous garantissons que vous pouvez économiser de l'argent!

Offres spéciales (week-end)
Londres 4* à partir de 178€   Londres 3* à partir de 172€

1 What advantage does Eurostar offer over air travel?

2 Where will the tourists have to catch the train and what is the destination?

3 What refreshments are available for standard class customers?

4 What would be the benefit of travelling business class?

5 What facilities are offered in the terminals?

6 Which train takes least time?

7 What suggestion does the pamphlet offer in order to save money?

2 *Écouter* **Écoute la conversation et remplis les blancs avec des phrases de la case.**

Allô. Je peux vous aider?
Je voudrais réserver **(1)** _____ de **(2)** _____ à **(3)** _____.
Pour quelle date, monsieur?
(4) _____
En quelle classe?
En **(5)** _____ .
Quand voulez-vous partir?
Vers **(6)** _____ heures.
Il y a un train qui part à **(7)** _____ .
Le train arrive à quelle heure à Londres?
Il arrive à **(8)** _____ .
Le voyage dure combien de temps, alors?
Le voyage dure **(9)** _____ .

> classe Standard
> deux heures quarante-deux minutes
> Londres
> onze
> quatre allers-retours
> le 4 juillet
> treize heures vingt-cinq
> Paris
> onze heures quarante-trois

3 *Parler* **Au téléphone. À deux. Utilise l'horaire et la conversation dans l'exercice 2 pour réserver des billets.**

4 *Écouter* **Écoute, puis copie et remplis les blancs.**

Les voyages Eurostar de Londres Waterloo à Paris Nord Date: _____

Numéro de train	9036	9040	9044	Prix
Départ				Standard:
Arrivée				Loisir Select:

5 *Lire* **Tu travailles dans l'hôtel de ville de Brighton et tu organises le festival français. Lis l'e-mail et trouve les phrases en français dans le texte.**

1 I confirm that we will be participating in the French festival.

2 which will be taking place in July this year

3 We will travel by plane

4 We will leave

5 We will arrive

6 Can you recommend a hotel?

7 and give us information on the trains

Monsieur,

Je suis membre d'une équipe de pétanque à Bordeaux. Je confirme que nous allons assister au festival français à Brighton qui va avoir lieu au mois de juillet cette année. Nous allons voyager en avion de Bordeaux à Londres Gatwick. Nous allons partir de Bordeaux à 10 heures le 4 juillet et nous allons arriver à Londres Gatwick à 11h15. Pouvez-vous nous recommander un hôtel à Brighton et nous donner des renseignements sur les trains de Gatwick à Brighton?

Merci beaucoup.
Antoine Leval

assister à – to take part in
va avoir lieu – will take place

6 *Écouter* **Écoute les deux messages et note en anglais les détails pour ton collègue à l'hôtel de ville.**

I am expecting two calls; one from Louis Givré and the other from Brigitte Pillette. If they call while I'm out, note down these details for me please: When are they travelling? Where from? Where to? Other information.

7 *Écrire* **Imagine que tu es membre d'un groupe de rock qui va venir en Angleterre avec l'Eurostar de Paris à Londres Waterloo pour le festival français. Écris un e-mail à l'organisateur pour confirmer ton voyage. Utilise le texte de l'exercice 5 pour t'aider. Change les phrases en rouge.**

3 Au festival: le marché français

Shopping for food
Quantities

a

baguettes
50p la pièce

b

fromage
£3.50   500 grammes

c

huile d'olive
£2.50 la bouteille

d

biscuits
£1.00 le paquet

e

thon
50p la boîte

f

croissants
35p la pièce

g

raisins
£1.65 le kilo

h

pâté
£1.75   250 grammes

i

tarte aux pommes
£1.25 le morceau

j

mousse au chocolat
£1.65 les quatre pots

1 *Écouter* **Écoute et note les lettres des produits qu'ils achètent au marché. (1–8)**

Exemple: **1** b, c

2 *Écouter* **Réécoute. Ils paient combien? Note les prix. (1–8)**

Exemple: **1** £6

3 *Lire* **Regarde les produits. Complète les phrases avec une quantité.**

1 un _____ de mousse au chocolat.

2 une _____ d'huile d'olive.

3 un _____ de biscuits.

4 500 _____ de fromage.

5 une _____ de thon.

6 un _____ de raisins.

7 un _____ de tarte aux pommes.

> **une boîte** – a can, a tin or a box

4 *Parler* **À deux. Donne les prix des produits que ton/ta partenaire voudrait acheter.**

▲ C'est combien, une baguette?

▼ C'est 50p.

124 cent vingt-quatre

5 *Écouter* **Écoute les conversations au marché. Note les détails qui manquent. (1–4)**

Exemple: **1 a** 4 baguettes

Bonjour, monsieur! Vous désirez?
Je voudrais **(a)** _____ , s'il vous plaît.
Voilà, monsieur. Et avec ça?
Donnez-moi **(b)** _____ de **(c)** _____ , s'il vous plaît.
D'accord! **(b)** _____ de **(c)** _____ . *Vous voulez autre chose?*
Non, merci, madame. C'est tout. Ça fait combien?
Ça fait **(d)** _____ , *s'il vous plaît.*

6 *Parler* **À deux. Prépare deux conversations avec ton/ta partenaire. Utilise les détails ci-dessous.**

1 **a**

× 6

b

250g

c

d £££?

2 **a**

× 2

b

500g

c

d £££?

7 *Écrire* **Tu es au marché et tu as £15. Qu'est-ce que tu peux acheter? Écris une liste avec les prix.**

Exemple: 2 baguettes £1.00

8 *Lire* **Lis la conversation et réponds aux questions en anglais.**

Goûtez! Nous vous proposons une dégustation gratuite! Vous voulez goûter?
Qu'est-ce que c'est?
C'est du Brie fait à la ferme.
Mmmm, c'est délicieux! Je peux aussi goûter un morceau de baguette?
Bien sûr. Tous nos produits sont garantis sans produit chimique et sans colorant.
Je prends des baguettes, s'il vous plaît.
Vous en voulez combien?
Trois, s'il vous plaît.

1 What is being offered at the market stall?

2 What does the customer try next?

3 What does the stallholder tell the customer about all the products?

> The pronoun **en** means 'of it'/'of them' (though it's not always translated in English). It is used to replace the relevant form of **de** + noun.
>
> Vous **en** voulez combien? – How many (*of them*) do you want?

➤ At the music festival
➤ Saying why you like something

Ce soir au festival de musique

SNOOPY

Nom: Christelle
Âge: 18
Anniversaire: le 6 juin
Chanteuse française dans le groupe Snoopy
Qualités: gentille, amusante, aimable
Look: cheveux blonds et courts, yeux verts, petite, mince

Nom: Marcello
Âge: 20
Anniversaire: le 10 novembre
Guitariste canadien-français dans le groupe Snoopy
Qualités: bavard, paresseux, idiot
Look: cheveux bruns et courts, yeux marron, lunettes, grand, assez gros

Nom: Natalie
Âge: 19
Anniversaire: le 7 février
Batteur suisse dans le groupe Snoopy
Qualités: heureuse, calme
Look: cheveux noirs et longs, yeux noirs, assez grande, très mince

Nom: Chisa
Âge: 21
Anniversaire: le 6 mars
Chanteur, pianiste sénégalais dans le groupe Snoopy
Qualités: intelligent, drôle, travailleur, dynamique
Look: cheveux longs, noirs et frisés, petite barbe, lentilles de contact, boucle d'oreille, très grand, musclé

1 *Lire* **Copie et remplis les blancs dans le texte.**

Christelle a _____ ans. Son anniversaire est le
_____ . Elle est de nationalité _____ .
Elle est _____ dans le groupe Snoopy. Elle a
les cheveux _____ et _____ et les yeux
_____ . Elle est _____ et _____ .
De caractère, elle est _____ , _____ et
_____ .

en contexte **Grammaire 2.2**

When describing someone's hair or eyes, it doesn't matter if they are male or female: the adjectives are always in the masculine plural form:
Il a les cheveux **noirs**.
Elle a les cheveux **noirs**.

Il/Elle a les cheveux	longs/courts/raides/frisés blancs/gris/bruns/noirs/blonds/roux
Il/Elle a les yeux	bleus/verts/bruns/marron
Il/Elle porte	des lunettes/une boucle d'oreille
Il a	une barbe/une moustache
Il/Elle est	petit(e)/grand(e)/mince/gros(se)/musclé(e) aimable/amusant(e)/bête/calme/dynamique/drôle/gentil(le)/idiot(e)/plein(e) de vie/ sympa(thique)/timide/intelligent(e)/travailleur/euse/cool/méchant(e)/paresseux/euse/ bavard(e)/sévère

2 *Écrire* Écris des paragraphes pour décrire les autres membres du groupe Snoopy.

3 *Parler* C'est qui? Fais une description orale d'un(e) musicien/musicienne célèbre. Ton/Ta partenaire doit deviner le nom de la personne.

> **Exemple:** Il a 28 ans. Il est guitariste. Il a les cheveux noirs et longs et les yeux bleus. Il est cool. C'est qui?

Les musiciens/musiciennes
Juliette (chanteuse et guitariste)
Freddy (saxophoniste)
Sascha (batteur)
Chisa (chanteur et pianiste)
Christelle (chanteuse)
Axel (rappeur)

4 *Écouter* Écoute les conversations avec les spectateurs au festival de musique et remplis la grille. (1–6)

	Opinion du festival	Nationalité	Musicien préféré	Pourquoi?
1	Super!	Il est canadien.	Freddy (saxophoniste)	aime le jazz Freddy est dynamique et amusant.
2				

5 *Parler* À deux. Prépare une conversation avec ton/ta partenaire au sujet de la musique. Utilise cette conversation pour t'aider.

- ▲ Quel est ton musicien préféré?
- ▼ *Mon musicien préféré, c'est Max du groupe Max and the Hounds. Il est guitariste et chanteur.*
- ▲ Pourquoi est-ce que tu aimes Max?
- ▼ *Parce que j'aime le rap et Max est cool et amusant.*

J'aime la musique …	hip-hop
J'aime le …	jazz
	R&B
	rap
	reggae
J'adore la …	techno

6 *Écrire* Écris un paragraphe au sujet de ton musicien préféré/ta musicienne préférée.

Détails personnels
Mon musicien/Ma musicienne préféré(e) s'appelle …
Il/Elle a … ans. Il/Elle est de nationalité …
Il/Elle est (guitariste/chanteur(se) … etc.) (dans le groupe …)

Description physique
Il/Elle a les cheveux … et les yeux …
Il/Elle porte …

Pourquoi vous l'aimez
J'aime …
parce qu'il/elle est …
parce que j'aime le …

5 Qu'est-ce que vous avez fait au festival?

➤ Describing what happened at the festival

1 *Lire* **Le festival français à Brighton. Lis le journal de Dominic. C'était quel jour?**

Exemple: a – dimanche

Mercredi: Je suis allé en Angleterre avec ma copine Lucille. Nous avons pris l'Eurostar de Paris à Londres. Il faisait beau et chaud. Nous sommes arrivés vers huit heures du soir et nous avons logé dans un hôtel à Londres.

Jeudi: Nous nous sommes levés de bonne heure. Nous avons pris le petit déjeuner dans l'hôtel, puis nous avons visité la capitale en autobus. Nous avons vu tous les monuments! L'après-midi, nous avons fait du shopping à Oxford Street. J'ai acheté un jean. C'était super, mais très fatigant. Le soir, nous sommes allés au théâtre pour voir une comédie.

Vendredi: Nous avons pris le train à Brighton. Le voyage a duré presque deux heures. Nous avons logé dans une pension au bord de la mer. Le soir, nous sommes allés au stade de Brighton pour voir le festival de musique. Mon groupe préféré a joué! J'aime le groupe Snoopy, surtout la chanteuse Christelle. La musique était excellente!

Samedi: Samedi matin à huit heures, nous sommes allés au marché. Nous avons goûté des fromages et des pâtisseries. À dix heures, nous avons joué dans un tournoi de pétanque et l'équipe de notre village a gagné. Nous nous sommes bien amusés. Dans l'après-midi, nous sommes allés au stade pour voir la finale de football entre l'Angleterre et la France. Cette fois, l'Angleterre a gagné 2–0!

Dimanche: Nous avons regardé la course de cyclisme (1500 cyclistes de France et des pays francophones et 800 d'Angleterre). Une cycliste sénégalaise a gagné la course. Elle est arrivée à Brighton une demi-heure avant les autres! Le soir, nous sommes allés à un bon restaurant français! Nous avons mangé des moules et du canard. C'était vraiment délicieux!
À onze heures du soir, nous sommes rentrés en France.

> Remember to use the imperfect for descriptions in the past:
> Il **faisait** beau.
> C'**était** délicieux.

2 *Lire* **Trouve les phrases dans le journal pour répondre à ces questions.**

1 Comment êtes-vous allés en Angleterre?

2 Quel temps faisait-il mercredi?

3 Qu'est-ce que vous avez acheté à Londres?

4 Qu'est-ce que vous avez fait dimanche matin?

5 Quand êtes-vous allés au marché?

6 Qu'est-ce que vous avez mangé dimanche soir?

7 Qu'est-ce que vous avez fait samedi après-midi?

8 Comment êtes-vous allés à Brighton?

9 C'était comment la musique au festival?

10 Qu'est-ce que vous avez vu à Londres?

en contexte

Grammaire 3.12

Remember that if a verb uses **être** in the perfect tense, the past participle agrees with the subject.
nous avons logé – we stayed, *but*
nous sommes allé**s** – we went (group of males)
nous sommes allé**es** – we went (group of females)

3 *Écouter* **Écoute, copie les phrases et remplis les blancs. Tu peux trouver les mots dans la case, mais attention à l'orthographe (*spelling*)!**

1 Vendredi, nous sommes _____ au festival de musique.

2 Nous avons _____ dans un hôtel au bord de la mer.

3 Nous avons _____ du fromage.

4 Samedi, nous avons _____ dans un match de football.

5 L'Angleterre a _____ le match.

6 Nous avons _____ la course de cyclisme.

7 Dimanche soir, nous sommes _____ à un restaurant français.

8 À minuit, nous sommes _____ en France.

gagné   rentré   allé   joué
acheté   allé   logé   regardé

4 *Écrire* **Imagine que tu es allé(e) avec des copains au festival de Brighton.**
Voici ton journal en images. Écris des phrases pour décrire le week-end.

Exemple: Vendredi, je suis allé(e) avec mes copains au festival de Brighton. Nous avons pris l'Eurostar de Paris à Londres.

Ce week-end, je suis allé(e) avec ... au festival de Brighton.
Nous y sommes allé(e)s en ...
Nous avons logé ...
Samedi matin, nous avons ...
L'après-midi, nous sommes ...
Nous avons goûté ...
Dimanche, nous avons ...
Un cycliste anglais a ...
Nous avons mangé ...
À vingt-trois heures, nous sommes ...

Vendredi	*Brighton festival – friends*
	Eurostar (Paris → London)
	Hotel on sea front
	Rock concert

| **Samedi** | *Pétanque competition* |
| | *Market – cheese* |

Dimanche	*Cycle race*
	Dinner – duck/mussels
	Plane → France 11.00

5 *Parler* **Utilise tes réponses de l'exercice 4 pour préparer une petite présentation et décrire le festival. Présente ton travail à ton/ta partenaire.**

À l'oral

1 Jeu de rôle

You are discussing with a French friend what you have been doing in the previous week.

Jour	Activité	Opinion	Jour	Activité	Opinion
Lundi		☹	Jeudi		☹
Mardi		☺	Vendredi		☺
Mercredi		☺			

- Qu'est-ce que tu as fait lundi?
- C'était comment?

2 Bring in a photo of your favourite musician or singer and talk about them for at least one minute.

Facts
Mon artiste favori(te) s'appelle ...
Il/Elle a ... ans
Son anniversaire est ...
Il/Elle est célibataire/marié(e)/divorcé(e) (single/married/divorced)
Il/Elle est musicien(ne)/chanteur/euse/guitariste ...

Physical description
Il/Elle a les cheveux ... et les yeux ...
Il/Elle est ...

Personality
Il/Elle est ...

Why you admire him or her
Je l'admire parce que ...

Mini presentation

Talk for one minute about an event over a weekend that you have been to with friends. This can be real or imaginary. Make yourself a cue card.

Vendredi soir	Samedi
Vendredi, je suis allé(e) ... avec ...	Samedi, nous avons ... / nous sommes ...
Nous sommes allé(e)s ...	C'était ... parce que
Nous avons logé ...	
Nous avons regardé/vu/fait/mangé/joué/gagné ...	Dimanche
Nous sommes allé(e)s ...	Dimanche, nous avons ... /nous sommes ...
C'était ...	C'était ...
Je me suis bien amusé(e) parce que ...	Nous sommes rentré(e)s ...
	Le week-end était ...

À l'écrit

1 **Write a diary (real or imaginary), describing what you did every day last week.**

Here is an example of what you could write.

Jour	*Activité*	*Avec qui*	*Opinion*
lundi	Je suis allé(e) à un match de football.	mon copain	Le match était super parce que nous avons gagné!

> Remember to use the **nous** form as you have practised in this module. You will find grammar support in Unit 5 and relevant vocabulary in Unit 1. You should also look back at earlier modules in the book to help you.

2 **Write an article for the newspaper of your French twin town describing your visit to a French festival which has been held in your town. Use the ideas from this module to help.**

Un festival a eu lieu dans la ville de …

Where the festival was

How long it lasted … a duré …

Samedi à … dans … il y avait un match/ un marché/un concert/un festival de musique/un tournoi

What there was to do, when and where

What you did

Your opinions

C'était …

J'ai vu mon artiste favori/mon joueur de football favori … qui s'appelle …

Je l'admire parce que …

Le festival était … parce que …

Je suis allé(e) au festival avec …

Nous avons mangé/ pris/goûté/acheté

Nous sommes resté(e)s/allé(e)s …

> Remember to check your written work carefully. You will generally need to do more than one draft of written work to improve upon your first ideas. Use the following to help you:
> • The vocabulary section in each module (Mots)
> • French/English dictionary
> • Grammar section at the back of the book
> • French phrases and structures presented throughout the module

Module 9 Mots

Un festival français en ville — *A French festival in town*

Il va y avoir	*There is going to be*
Nous allons organiser	*We are going to organise*
Il va y avoir un festival.	*A festival is going to take place.*
Le festival va durer trois jours.	*The festival is going to last three days.*
un festival de musique	*a music festival*
un marché	*a market*
un événement	*an event*
une soirée gastronomique	*an evening of gastronomy*
un tournoi sportif	*a sports tournament*
C'est quand, le marché?	*When is the market?*
C'est combien, l'entrée?	*How much does it cost to get in?*
C'est où?	*Where is it?*
Qu'est-ce qu'on peut acheter?	*What can you buy?*
Tu veux m'accompagner?	*Would you like to come with me?*

On voyage en Angleterre — *Travelling to England*

l'arrivée	*arrival*
le changement	*change*
combiner	*to combine*
le départ	*departure*
directement	*directly*
la durée	*duration*
économiser	*to save*
garantir	*to guarantee*
réserver	*to reserve*
servir	*to serve*
voyager	*to travel*

Pour réserver un billet — *Reserving a ticket*

Je voudrais réserver	*I would like to reserve*
un aller simple	*a single*
un aller-retour	*a return*
un billet	*a ticket*
Pour quelle date?	*For what date?*
En quelle classe?	*What class?*
Première classe	*First class*
Deuxième classe	*Second class*
Quand voulez-vous partir?	*When do you want to travel?*
Vers	*Around*
Il y a un train qui part à 9h.	*There is a train that leaves at 9.00.*
Le train arrive à quelle heure?	*What time does the train arrive?*
Le train part à quelle heure?	*What time does the train leave?*
Le voyage dure combien de temps?	*How long does the journey last?*

Sur un marché français — *At the French market*

250 grammes de pâté	*250g of pâté*
500 grammes de fromage	*500g of cheese*
une baguette	*a French stick*
une boîte de thon	*a can of tuna*
un croissant	*a croissant*
une bouteille d'huile d'olive	*a bottle of olive oil*
un kilo de raisins	*a kilo of grapes*
un morceau de tarte aux pommes	*a piece of apple tart*
un paquet de biscuits	*a packet of biscuits*
un pot de mousse au chocolat	*a pot of chocolate mousse*

Vous désirez? — *What would you like?*

Je voudrais	*I would like*
Donnez-moi	*Give me*
Voilà	*Here you are*
Et avec ça?	*Anything else?*
C'est tout?	*Is that all?*
Vous voulez autre chose?	*Would you like anything else?*
Vous voulez goûter?	*Would you like to try it?*
Nous vous proposons une dégustation gratuite.	*We are offering you a free tasting.*
Je peux goûter?	*May I taste?*
Qu'est-ce que c'est?	*What is it?*
C'est délicieux!	*It's delicious!*

Au festival de musique / At the music festival

Il a/Elle a …	He has/She has …	bleus/verts	blue/green
une barbe	a beard	bruns	brown
une moustache	a moustache	marron	hazel
les cheveux …	… hair	Il/Elle porte …	He/She wears …
longs/courts	long/short	des lunettes	glasses
raides	straight	des lentilles de contact	contact lenses
frisés	curly	une boucle d'oreille	an earring
blancs	white	Il/Elle est …	He/She is …
gris	grey	petit(e)	small
bruns	brown	grand(e)	tall
noirs	black	mince	thin
blonds	blond	gros(se)	fat
roux	red	musclé(e)	muscular
les yeux …	… eyes		

Le caractère / Character

aimable	likeable	idiot(e)	idiotic
amusant(e)	funny	intelligent(e)	intelligent
bavard(e)	talkative	méchant(e)	nasty
bête	stupid	paresseux/euse	lazy
calme	calm	plein(e) de vie	full of life
cool	cool	sévère	strict
dynamique	dynamic	sympathique	kind
drôle	funny	timide	shy
gentil(le)	kind	travailleur/euse	hard-working

La musique / Music

le hip-hop	hip-hop	le chanteur/la chanteuse	singer
le jazz	jazz	le guitariste	guitarist
le R & B	R & B	le/la batteur	drummer
le rap	rap	le pianiste	keyboard player
le reggae	reggae	le saxophoniste	saxophonist
la techno	techno	le rappeur	rapper

Qu'est-ce que vous avez fait au festival? / What did you do at the festival?

Je suis allé(e) au festival.	I went to the festival.	Nous avons goûté des fromages.	We tasted some cheese.
Nous avons voyagé en avion.	We travelled by plane.	Nous avons acheté …	We bought …
Nous avons logé dans un hôtel.	We stayed in a hotel.	Nous avons fait du shopping.	We went shopping.
Nous avons joué au foot.	We played football.	Nous avons pris le déjeuner.	We had lunch.
L'équipe a gagné.	The team won.	Nous avons regardé la course.	We watched the race.
Nous sommes allé(e)s au concert.	We went to a concert.	Nous avons mangé des moules.	We ate some mussels.
		C'était bien.	It was good.
		Il faisait beau.	It was fine weather.

I Je travaille dans une station de ski

➤ Working in a ski resort
➤ Reporting an accident

Je m'appelle Pierre et j'ai 20 ans. Je travaille dans une station de ski en Suisse. Je suis moniteur de ski alpin et accompagnateur en montagne. J'aime beaucoup mon travail parce que je rencontre des gens de toutes nationalités et j'aime travailler en plein air. Je dois enseigner le ski sur piste et hors piste et j'organise un stage qui s'appelle «Connaissance de la neige et sécurité» pour les skieurs et les alpinistes. Dans ce stage, les participants apprennent la survie en milieu enneigé, la prévention des accidents et le matériel de secours (trousse à pharmacie et moyens d'alerte) et nous construisons des abris de neige.

Pour faire ce travail, il faut être en pleine forme, avoir de la patience et parler au moins une langue étrangère. Moi, je parle l'anglais et l'espagnol. J'ai fait une formation de 18 mois avec des examens écrits et pratiques.

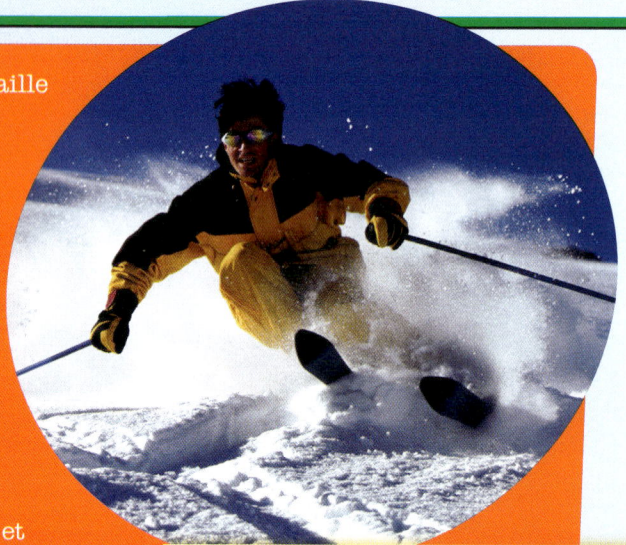

la sécurité – safety
la survie – survival
le milieu enneigé – snowy environment
la trousse à pharmacie – first aid kit
une formation – training

1 *Lire* **Lis le texte et réponds aux questions en français.**

1 Qu'est-ce que Pierre fait comme travail? Il est …

2 Pourquoi aime-t-il ce travail? Il aime ce travail parce qu'il …

3 Qu'est-ce que les participants apprennent dans le stage qu'il organise? Les participants apprennent …

4 Quelles qualités sont nécessaires pour cet emploi? Il faut …

5 Quelles langues parle-t-il? Il parle …

6 C'est comment, la formation? La formation dure …

«Je m'appelle Anne-Marie et je travaille au service des secours dans la station de ski»

2 *Écouter* **Écoute et lis. Note en anglais où l'accident s'est passé, le sport pratiqué et la blessure (*injury*).**

quelqu'un – someone
tomber – to fall over
en faisant du snowboard – while snowboarding

Service des secours, bonjour!
Bonjour! Je vous téléphone parce qu'il y a eu un accident.
Oui. Où est-ce que l'accident a eu lieu?
Sur la piste numéro 1.
Qu'est-ce qui s'est passé?
Quelqu'un est tombé en faisant du snowboard et il s'est fait mal au genou.
Bon, on arrive.

Je me suis fait mal
(I have hurt)
Il/Elle s'est fait mal

au dos
au bras
au poignet
à la main
au genou
à la jambe
à la cheville
au pied

Je me suis cassé
Il/Elle s'est cassé
le bras
la jambe

3 *Écouter* **Note en anglais le lieu de l'accident, le sport pratiqué et la blessure (*injury*) pour chaque conversation. (1–3)**

4 *Parler* **À deux. Fais des conversations. Utilise le texte de l'exercice 2 et change les mots soulignés pour varier la conversation.**

5 *Écrire* **Tu as vu deux personnes qui ont eu un accident sur la piste. Écris un message sur ton portable pour décrire l'accident au moniteur de ski.**

J'ai vu ... sur la piste ...
Quelqu'un est ... en faisant ... et il s'est ... et l'autre personne s'est ... en faisant ... et il/elle s'est ...
Venez tout de suite!

2 Je travaille pour une compagnie aérienne

> Je m'appelle Madeleine et j'ai 23 ans. Je suis hôtesse de l'air et je travaille pour la compagnie aérienne Air France. J'adore mon travail parce que j'aime voyager.

le décollage – take-off
les consignes de sécurité – safety advice
d'affilée – at a stretch
chef de cabine – chief steward/stewardess
bac – French diploma equivalent to A levels

Le métier d'hôtesse de l'air/de steward

Que fait-elle/il?
L'hôtesse de l'air ou le steward doit assurer la sécurité des passagers durant un vol. Elle/Il accueille les voyageurs et elle/il garantit leur confort pendant toute la durée du voyage.

Qu'est-ce qu'elle/il fait?
Avant le décollage, l'hôtesse/le steward vérifie les équipements de la cabine de l'avion: les gilets de sauvetage, les interphones, l'éclairage et les masques à oxygène. Elle/Il demande à tous les passagers d'attacher leur ceinture, puis elle/il présente les consignes de sécurité à suivre en cas d'incident.

En vol, elle/il sert les repas, les boissons et distribue les journaux aux voyageurs. Elle/Il vend des produits hors taxes comme de l'alcool, du tabac ou du parfum.

Elle veille à la sécurité de tous les passagers, en particulier des enfants, des handicapés ou des personnes âgées.

Elle/Il travaille généralement 2 à 4 jours d'affilée et elle/il passe souvent ses nuits dans des hôtels avant de prendre un vol retour.

Le salaire mensuel
Pour les stewards et les hôtesses de l'air, le salaire mensuel est entre 1230€ et 1370€.
Pour le chef de cabine le salaire mensuel est entre 2000€ et 2900€.

La formation
Le bac est très utile si on veut devenir hôtesse de l'air ou steward, mais les compagnies aériennes organisent leur propre formation. De bonnes connaissances en anglais et dans d'autres langues sont aussi nécessaires.

1 *Lire* Trouve toutes les phrases pour ces images dans l'article.

Elle accueille les voyageurs.

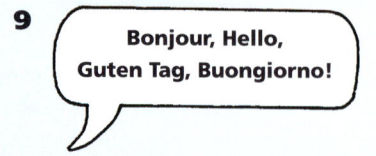

Bonjour, Hello, Guten Tag, Buongiorno!

2 *Lire* Trouve tous les verbes au présent dans l'article et note-les dans une grille. Traduis les verbes en anglais.

3 *Écrire* Qu'est-ce qu'on doit faire quand on est steward ou hôtesse de l'air? Fais une liste des tâches.

Exemple: **1** On doit accueillir les voyageurs.

> Rappel: **On doit** + infinitive – You must …

4 *Lire* Matthew Evans travaille comme steward. Il doit lire cette annonce avant le décollage. Réponds aux questions en anglais, puis traduis l'annonce en anglais.

> Mesdames et messieurs, bonjour! Le commandant de bord, Jean Picard et son équipage sont heureux de vous accueillir sur le vol BR789 à destination de Paris. Le vol va durer quarante minutes. Nous vous rappelons qu'il est interdit de fumer à bord et que les portables doivent être éteints avant le décollage.

1 How long is the flight?

2 What is forbidden on board?

3 What must be done before the plane takes off?

5 *Écouter* Les informations à l'aéroport. Écoute et remplis les blancs dans le texte. (1–2)

1
Mesdames et messieurs! Le vol AF numéro ____234____ à destination de _____ est maintenant prêt pour _____. Les _____ sont invités à embarquer à la _____ numéro _____. Nous vous prions de présenter votre _____ et votre _____.

2
Ceci est le dernier _____ pour Monsieur Smith _____ sur le _____ numéro LH678 à _____ de Londres. Nous vous _____ de vous _____ d'urgence à la porte _____ 20 pour embarquement _____.

passeport
11
Paris
234
passagers
l'embarquement
carte d'embarquement
porte

vol
numéro
immédiat
destination
appel
présenter
prions
passager

embarquer – to board **la porte** – gate
prêt – ready **prier de** – to ask to

6 *Lire* Traduis les informations de l'exercice 5 en anglais.

7 *Parler* Tu travailles dans un aéroport en Angleterre. Prépare en français et lis à haute voix à ton/ta partenaire les informations suivantes. Utilise les informations dans l'exercice 5 comme modèle.

1 Flight GE 567 to Brussels (Bruxelles) ready to board at gate 15. Show boarding cards & passports at gate.

2 Last call for Mrs Brown going to Geneva (Genève) on flight RT390. Go now to gate 54.

3 Je travaille dans un parc d'attractions

Bonjour. Je m'appelle Christelle et j'ai 18 ans. Je travaille dans le parc d'attractions la Mer de Sable, un parc d'attractions pas très connu, situé entre Lille et Paris. Voici un dépliant sur le parc.

LA MER DE SABLE

Heures d'ouverture cette année
Avril: Tous les jours sauf les lundis et les vendredis de 10h30–18h
Mai et juin: Tous les jours, sauf les vendredis de 10h30–18h30
Juillet et août: Tous les jours de 10h30–19h00
Septembre: Le week-end seulement de 10h30–18h
Fermé: Du 25 septembre au 1 avril

ATTRACTIONS:

1 MONTAGNES RUSSES
Dragon de Bei Hai
Train du Colorado

2 ATTRACTIONS AQUATIQUES
Cheyenne River
Rivière sauvage

3 DARK RIDES AVEC EFFETS VISUELS ET AUDIO
Jungle des Chikapas
Le temple de mystère

4 ATTRACTIONS À SENSATIONS FORTES
Bateau pirate
Circuit Quad

5 ATTRACTIONS FAMILIALES
Carrousel
La ronde des éléphants
Manège d'avions
Tasses de Badabing
Train du désert

6 SPECTACLES
Le Clown Bibi
Le Show acrobatique
Spectacle Western

7 PARC ANIMALIER
Les animaux africains

Services
- Parking gratuit
- Poste de secours
- Nos amis les chiens sont admis dans le parc tenus en laisse.
- Abri pique-nique (tables et bancs, toilettes handicapés)
- Espace bébé (chauffe-biberon, micro-ondes)
- Bureau d'informations (objets perdus, fauteuils roulants sur réservation)
- Magasin (vente de cartes postales, timbres, souvenirs)
- 2 restaurants et 5 kiosques (plats à emporter, boissons, glaces)

Tarifs
Adultes: 16,50€ par personne
Enfants: 3–11 ans inclus 14€ Bébés: 0–3 ans GRATUITS
Groupes: (minimum 20 personnes) 12,50€ par personne
Abonnement individuel saison: 48€

Réservation et tarifs sur demande
Tél: 03 44 54 18 44
Les caisses ferment 1h avant la fermeture du parc.
Nous acceptons: les cartes bancaires, les espèces, les chèques et les chèques de voyage.

1 Lire Trouve les expressions en français dans le dépliant.

1 water rides	**5** zoo	**9** postcards	**13** microwave oven
2 shows	**6** exciting rides	**10** first aid post	**14** picnic area
3 family attractions	**7** lost property	**11** wheelchairs	**15** cash
4 rollercoasters	**8** ice-creams	**12** bottle-warming	**16** traveller's cheques

2 *Écrire* **Lis le dépliant et réponds en français. Tu travailles dans le parc. Réponds à ces questions que tu as reçues par e-mail.**

1 Quelles sont les heures d'ouverture du parc au mois de juin?
Au mois du juin, le parc ouvre à 10h30 et ferme à 18h30.
Il est fermé le lundi et le vendredi.

2 Quelles sont les heures d'ouverture du parc au mois d'avril?
Au mois d'avril …

3 Qu'est-ce qu'il y a comme attractions aquatiques?
Comme attractions aquatiques, il y a …

4 Quelles sont les meilleures attractions pour les enfants?
Les meilleures attractions pour les enfants sont …

5 C'est combien, le parking?
Le parking …

6 On peut manger au parc?
Il y a …

7 Les chiens sont admis au parc?
Oui, les chiens …

8 Qu'est-ce qu'on peut acheter au parc?
On peut acheter …

9 C'est accessible aux handicapés?
Oui, il y a …

10 C'est combien, l'entrée pour un adulte?
L'entrée pour un adulte …

3 *Parler* **À deux. Tu travailles au parc d'attractions. Utilise le dépliant et les questions de l'exercice 2 pour préparer une conversation avec ton/ta partenaire, un(e) client(e). Invente d'autres questions.**

4 *Écouter* **Écoute et lis le dépliant: c'est vrai ou faux? Corrige les erreurs. (1–8)**

Exemple: **1** Vrai.

Le parc **ouvre** à 10h30 – The park opens at 10.30
Le parc **ferme** à 18h – The park closes at 18.00
Les attractions familiales **ouvrent** à 11h aujourd'hui
Les toilettes **ferment** à 18h
Heures d'**ouverture** – Opening times
Fermeture annuelle – Annual closure
ouvert(e) – open
fermé(e) – closed

5 *Écrire* **Tu travailles au parc d'attractions. Écris ces panneaux en français.**

1 The car park (m) is closed.
Le parking est fermé.

2 The restaurant (m) is open.

3 The picnic area (m) closes at 4.00 p.m today.

4 The roller coaster (f) is closed.

5 The water rides (fpl) open at 11.00 today.

6 The toilets (fpl) are closed until midday.

7 The zoo (m) is open until 5.00 p.m today.

8 The baby area (m) opens at 11.30.

jusqu'à – until
de … à – from … to …
à – at

6 *Écouter* **Dans le parc d'attractions. Écoute les informations et note les détails en anglais. (1–8)**

Exemple: **1** The toilets next to the water rides are closed until 11.00. Other toilets in the zoo.

4 Je suis entraîneur de football

Qu'est-ce que vous faites comme travail?

Je suis entraîneur de football pour une équipe de Ligue 1. Les joueurs viennent d'Espagne, de France, d'Irlande et d'Amérique du sud. Je dois communiquer avec eux en français et en espagnol.

Décrivez-nous votre journée typique.

Tous les jours, je dois concevoir un programme d'entraînement pour chaque joueur de l'équipe. Chaque jour, il faut corriger les défaillances physiques et les fautes techniques et aussi aider à gérer la fatigue mentale.

Quelquefois, je vais travailler dans un bureau au club de football avec le manager de l'équipe pour discuter avec lui des derniers matchs et pour préparer une nouvelle stratégie. Je dois aussi écrire des articles pour des journaux et des magazines sur les performances de l'équipe.

Quelles sont les qualités essentielles pour ce travail?

Il faut avoir beaucoup de tact! Je dois aussi motiver les joueurs, les observer, analyser les fautes et proposer de nouvelles tactiques.

Selon vous, quels sont les avantages et les inconvénients dans votre travail?

Les joueurs sont sous mon autorité. J'impose mes idées à l'équipe et c'est gratifiant de voir ces idées couronnées de succès. En plus, les joueurs deviennent des amis parce que nous passons beaucoup de temps ensemble.

Les inconvénients? Je ne sais pas! Pour moi, c'est le travail de mes rêves, mais je pense que l'entraîneur porte tout sur ses épaules. En cas de défaite de l'équipe, je suis le premier accusé du mauvais résultat.

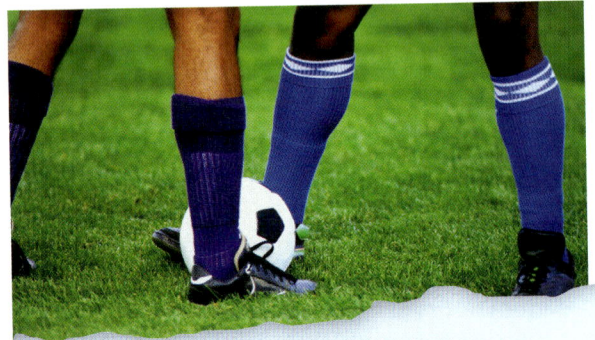

---

avec eux – with them
concevoir – to devise
corriger – to correct
les défaillances – weaknesses
gérer – to manage
selon vous – in your opinion
couronnées de succès – crowned with success
les épaules – shoulders

---

1 *Lire* **Réponds aux questions en anglais.**

1 What three aspects does the trainer include in a training programme for his players?

2 What three jobs does he do in the office?

3 What four qualities does he identify as being important and why?

4 What two positive aspects does he say that the job has?

5 What negative aspects does he mention?

2 *Écrire* **Mets l'adjectif à la bonne place dans les phrases. Puis traduis les phrases en anglais.**

1 (bons) les joueurs – *les bons joueurs*

2 (sportif) un journal

3 (nouvelle) une équipe

4 (différent) un programme d'entraînement

5 (jeune) un entraîneur

6 (intéressant) un emploi

---

en contexte

Grammaire 2.1

Most adjectives come *after* the noun.
les fautes **techniques** – technical errors
la fatigue **mentale** – mental fatigue

But some common adjectives come before the noun.

petit – small	**grand** – big
bon – good	**mauvais** – bad
nouveau – new	**vieux** – old
beau – nice	**jeune** – young

un **mauvais** résultat – a bad result
une **nouvelle** stratégie – a new strategy

3 *Lire* **L'entraîneur et les joueurs dans l'équipe vivent sainement. Comment restent-ils en forme?**

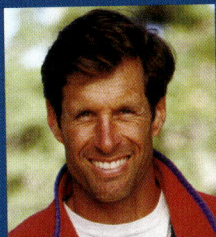

Je m'appelle Paul. Je suis entraîneur. Je dois rester en forme, donc je mange beaucoup de fruits et de légumes et j'évite le sucre. Je dors dix heures par nuit.

Je m'appelle Dominic. La santé, c'est très important pour moi, donc je ne bois pas d'alcool et je ne fume pas de cigarettes. Je fais de l'aérobic tous les jours.

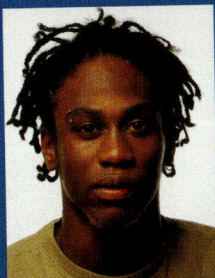

Je m'appelle Serge. Je suis gardien de but dans l'équipe. Pour rester en forme, j'évite de boire trop de caféine et j'évite les matières grasses. Je fais travailler mes muscles parce que je vais à l'entraînement cinq jours sur sept. Seulement le week-end, je me repose un peu.

Moi, je m'appelle Alphonse. Je suis végétarien et je mange beaucoup de vitamines. En plus, je bois trois litres d'eau par jour.

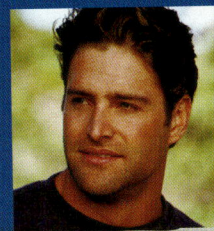

les matières grasses – fatty food
la santé – health
éviter – to avoid

C'est qui?

1 Il ne mange pas de bonbons – *Paul*
2 Il ne fume pas.
3 Il ne boit pas trop de café.
4 Il évite les frites.
5 Il fait de l'exercice du lundi au vendredi.
6 Il ne mange pas de viande.
7 Il ne boit pas de bière ou de vin.
8 Il boit beaucoup d'eau.

4 *Écouter* **Écoute ces quatre joueurs qui répondent à la question «Comment restes-tu en forme?» et prends des notes en anglais. (1–4)**

Exemple: **1** Eats lots of fruit and vegetables and gets lots of exercise.

5 *Parler* **À deux. Pose la question «Comment restes-tu en forme?» à ton/ta partenaire. Utilise les symboles pour donner une réponse. Utilise l'exercice 3 pour t'aider.**

a b c d e f g h i

5 Je travaille comme guide touristique en Guadeloupe

➤ Working as a tour guide

➤ Talking about future plans

1 Lire Lis la présentation et mets les images dans le bon ordre.

Exemple: h, …

a b c d e

f g h

«Bonjour! Je m'appelle Juliette. Je travaille pour la compagnie Marius-Voyages comme guide touristique en Guadeloupe. Je voudrais vous présenter les services que nous offrons aux touristes.

La Guadeloupe est une région française, un archipel, qui se trouve aux Caraïbes et qui comprend deux îles principales avec six autres petites îles. Le climat est très agréable: chaud et ensoleillé en été et il fait beau en hiver. La Guadeloupe est connue pour ses belles plages. Voici une carte.

Nous organisons de nombreuses excursions pour découvrir la Guadeloupe avec des guides professionnels à votre service.

La première excursion que je vais mentionner, c'est l'excursion préférée de nos clients. C'est une excursion pour voir le parc national de la Guadeloupe avec ses cascades d'eau et sa végétation luxuriante. Nous voyageons en bateau et l'excursion comprend un déjeuner typiquement guadeloupéen.

Une autre excursion qui est très populaire, c'est l'excursion autour du volcan la Soufrière. D'abord, nous traversons la ville pour voir le port et le marché où on peut acheter toute la gamme des produits tropicaux. Puis nous pénétrons dans la forêt pour voir le spectaculaire volcan.

Le soir, nous offrons aussi des excursions. Je recommande en particulier la «Soirée sous les Tropiques». Nous partons vers 19 heures 30 pour une soirée de danse dans la boîte de nuit Coco-Night-Club.

Si vous ne voulez pas participer à des excursions organisées, nous pouvons aussi vous conseiller pour la location d'une voiture. N'hésitez pas à me consulter pour toute réservation ou demande particulière. Je suis ici, dans l'hôtel, chaque jour, entre midi et trois heures. »

un archipel – an archipelago (a chain of islands)
l'île – island
cascade d'eau – waterfall
le volcan – volcano
une gamme – a range
la forêt – the forest
la boîte de nuit – night club

en contexte

Grammaire 1.7

qui (which/who) is used when you are referring back to the subject of the verb:
une autre excursion **qui** est très populaire – another excursion *which* is very popular

que (that/who) is used to refer back to the object of the verb
les services **que** nous offrons – the services *that* we offer

2 Lire Réponds aux questions en anglais.

1 How does the tour guide describe Guadeloupe?

2 Describe the first excursion she mentions in detail.

3 What does the excursion to the volcano involve?

4 Give details of the evening excursion.

5 If you are not interested in excursions, what else can they arrange for you?

6 When is the tour guide available in the hotel each day?

3 Écouter Écoute les touristes qui veulent réserver des excursions et prends des notes en anglais. (1–3)

a Excursion they are interested in

b Number of people travelling

c Cost and how are they are paying

d What they are advised to bring

N'oubliez pas ... – Don't forget ...
Il faut apporter ... – You must bring ...
sensass – sensational
la crème solaire – sun cream
les lunettes de soleil – sunglasses
un chapeau – a hat

4 Écrire Choisis un pays francophone qui t'intéresse. Prépare une brochure en français pour les touristes.

La situation du pays
C'est un pays qui se trouve ...
Les habitants
Il y a ... habitants
Le climat
En été, il fait ... et en hiver, ...
La température est entre ... et ...

Les villes principales
La capitale qui s'appelle ... est ...
Les autres villes importantes sont ...
Les attractions principales
Comme attractions, il y a ...
On peut faire des excursions à ... où on peut voir ...

5 Écouter Écoute ces jeunes qui parlent de leurs projets d'avenir et note en français ce qu'ils voudraient faire. (1–4)

Exemple: **1** quitter le collège et faire un apprentissage dans un centre sportif

	quitter le collège – leave school
	faire un apprentissage – do an apprenticeship
Je vais – I will	passer mes examens – take my exams
	passer mon bac – take my A levels
J'espère – I hope to	aller à l'université – go to university
	réussir mes examens – pass my exams
Je voudrais – I would like to	continuer mes études au lycée/à la fac – continue my studies at college/university
	voyager (autour du monde) – travel (round the world)
J'ai l'intention de – I intend to	gagner (un peu/beaucoup) d'argent – earn (a bit/a lot) of money
	me marier – get married
	être (guide touristique) – be (a tour guide)
	travailler à l'étranger – work abroad

6 Parler À deux. Quels sont tes projets d'avenir? Prépare une conversation avec ton/ta partenaire.

À l'oral

1 Jeu de rôle 💬
You are working in a ski resort and make a phone call to report an accident.

A
◆ Service des secours, bonjour!
◆ Oui. Où est-ce que l'accident a eu lieu?
◆ Qu'est-ce qui s'est passé?
◆ Bon, on arrive.

B
● I am phoning because there has been an accident.
● On piste number five.
● Someone has fallen over and has hurt his back.
● Say thank you and goodbye.

2 Jeu de rôle 💬
You are working in a theme park. Answer questions posed by a visitor to the park.

A
◆ Quelles sont les heures d'ouverture du parc aujourd'hui?
◆ Quelles sont les meilleures attractions pour les jeunes?
◆ On peut manger au parc?
◆ Les chiens sont admis au parc?

B
● Say the park is open from 10.00 till 6.00 today.
● Say the water rides and the roller coasters.
● Say there are two restaurants and three takeaway kiosks.
● Say that you are sorry but dogs are not allowed.

Mini presentation

je regrette – I am sorry

Prepare a one minute presentation about a French-speaking country or area you would like to visit.
Research on the internet to find one you are interested in.

Name of country/region	→ Je vais parler de ...
Where it is	→ C'est un pays qui se trouve ...
What it is known for (tourism, beaches, skiing, weather, etc.)	→ ... est connu(e) pour ...
Number of inhabitants	→ Il y a ... habitants
Climate in summer and winter	→ Le climat est ... en été et ... en hiver
Main towns	→ Les villes principales sont ...
Main attractions	→ Comme attractions, il y a ...
What you can do/visit/play/stay	→ On peut ... faire/visiter/ jouer/loger
Why you would like to visit this country	→ Je voudrais visiter ... parce que ...
What to do if you want more information	→ Si vous voulez plus de renseignements, allez sur le site Internet ...

À l'écrit

1 **Produce a leaflet advertising a theme park.**

Include information on:

Opening times → Les heures d'ouverture
Le parc ouvre à ... et ferme à ...

Attractions → Les attractions
Pour les jeunes, il y a ...
Pour les enfants, il y a ...
Nous avons ... spectacles

Opinions → C'est super/passionnant/génial/fantastique/chouette ...

Services → Les services
Dans le parc, nous proposons les services suivants ...

Restaurants → Les restaurants
Nous vous offrons un choix de restaurants et de kiosques pour les plats à emporter ...

Prices → Les prix
Adultes
Enfants

Remember to write in sentences where possible. Look back at pages 138–139 for some ideas.

2 **Write an interview with a famous sportsperson.**

Remember to use connectives to link your sentences together and make them more interesting. This will help you score higher marks in the exam.
d'abord – first of all
après – afterwards
ensuite – then
l'année prochaine – next year
d'avenir/plus tard – in the future
Si possible – If possible
Si j'ai de bonnes notes – If I get good grades

Things you could include:

Ask them their name and a few personal details. → Comment vous appelez-vous?
Où habitez-vous?
Qu'est-ce que vous faites comme travail?

Ask about their typical day. → Décrivez-moi une journée typique.
Ask what the essential qualities are to do the job. → Quelles sont les qualités essentielles pour ce travail?

Ask what their plans are for the future. → Quels sont vos projets d'avenir? Je vais ...

Remember to look back through the module to find material to help you with this.

To gain the higher grades, you will need to ensure that your work contains:
- a range of tenses – present, perfect, imperfect, the near future and forms like **je voudrais** (remember to check your verb endings and any agreements)
- opinions and reasons (using **parce que** ... or **car** ... , for example)

Module 10 Mots

Dans une station de ski — *In a ski resort*

Service des secours	*Emergency service*	à la cheville	*his/her wrist*
Il y a eu un accident.	*There has been an accident.*	au dos	*his/her back*
		au genou	*his/her knee*
Où est-ce que l'accident a eu lieu?	*Where did the accident take place?*	au pied	*his/her foot*
		au poignet	*his/her wrist*
la piste	*ski slope*	à la jambe	*his/her leg*
Qu'est-ce qui s'est passé?	*What happened?*	à la main	*his/her arm*
Quelqu'un est tombé en faisant du ski.	*Someone fell over while skiing.*	Il/Elle s'est cassé …	*He/She has broken …*
		le bras	*his/her arm*
Il/Elle s'est fait mal …	*He/She has hurt …*	la jambe	*his/her leg*
au bras	*his/her arm*		

Une compagnie aérienne — *An airline*

Dans l'avion	*In the plane*	l'alcool	*alcohol*
accueillir les passagers	*to welcome the passengers*	le tabac	*tobacco*
assurer la sécurité	*to ensure safety*	le parfum	*perfume*
vérifier les équipements	*to check the equipment*	le steward	*air steward*
les gilets de sauvetage	*lifejackets*	l'hôtesse de l'air	*air hostess*
les interphones	*intercoms*	l'embarquement	*boarding*
l'éclairage	*lighting*	le vol	*flight*
les masques à oxygène	*oxygen masks*	embarquer	*to board*
attacher les ceintures	*to fasten safety belts*	la carte d'embarquement	*boarding card*
les repas	*meals*	la porte	*gate*
les boissons	*drinks*	le dernier appel	*the last call*
les produits hors taxes	*duty free goods*		

Dans un parc d'attractions — *In a theme park*

les montagnes russes	*roller coasters*	l'abri pique-nique	*picnic shelter*
les attractions aquatiques	*water rides*	l'espace bébé	*baby area*
les dark rides avec effets visuels et audio	*dark rides with special effects*	le bureau d'informations	*information office*
		le magasin	*shop*
les attractions à sensations fortes	*exciting rides*	le tarif	*price list*
		l'abonnement (m)	*season ticket*
les attractions familiales	*family rides*	ouvrir	*to open*
les spectacles	*shows*	fermer	*to close*
le parc animalier	*zoo*	ouvert(e)	*open*
le parking	*car park*	fermé(e)	*closed*
le poste de secours	*first aid post*		

Je suis entraîneur de football — *I am a football trainer*

la Ligue 1	*the first division*	les défaillances physiques	*physical weaknesses*
concevoir un programme d'entraînement	*to devise a training programme*	gérer	*to manage*
		les épaules	*shoulders*
corriger	*to correct*		

La santé — *Health*

Français	*English*	Français	*English*
Je dois rester en forme.	*I must stay fit.*	les matières grasses	*fatty food*
Je mange beaucoup de fruits et de légumes.	*I eat lots of fruit and vegetables.*	Je ne fume pas.	*I don't smoke.*
J'évite	*I avoid*	Je fais de l'exercice.	*I do exercise.*
le sucre	*sugar*	Je bois trois litres d'eau.	*I drink three litres of water.*
de boire trop de caféine	*drinking too much caffeine*	Je suis végétarien(ne).	*I am vegetarian.*
l'alcool	*alcohol*	Je dors dix heures par nuit.	*I sleep ten hours a night.*

Je travaille comme guide touristique — *I work as a tourist guide*

… est un pays qui se trouve …	*… is a country situated …*	Les autres villes importantes sont …	*Other important towns are …*
Il y a … habitants	*There are … inhabitatants*	Les attractions principales sont …	*The main attractions are …*
En hiver, il fait …	*In winter it is …*	On peut faire des excursions à …	*You can go on excursions to …*
En été, il fait …	*In summer it is …*	où on peut voir …	*where you can see …*
La température est entre … et …	*The temperature is between … and …*		
La capitale qui s'appelle …	*The capital which is called …*		

Les projets d'avenir — *Future plans*

Je vais …	*I am going to …*	continuer mes études	*continue my studies*
J'espère	*I hope*	au lycée	*at college*
Je voudrais	*I would like*	à la fac	*at university*
J'ai l'intention de …	*I intend to …*	voyager (autour du monde)	*travel (around the world)*
quitter le collège	*leave school*	gagner (un peu/beaucoup) d'argent	*earn (a bit/a lot) of money*
faire un apprentissage	*do an apprenticeship*	me marier	*get married*
passer mes examens	*take my exams*	être …	*be a …*
passer mon bac	*do my A levels*	guide touristique	*tour guide*
aller à l'université	*go to university*	travailler à l'étranger	*work abroad*
réussir mes examens	*pass my exams*		

À toi A

1 *Lire* **Regarde l'image et trouve la bonne fin pour chaque phrase.**

Exemple: 1 d

1 Où sont les pédalos, s'il vous plaît?

2 Pour aller à la piscine, ...

3 Le parking ...

4 Pour faire du canoë-kayak, ...

5 C'est où, le café?

6 Pour louer un vélo, ...

a est à gauche.

b vous tournez à gauche – c'est près du parking.

c C'est tout droit, à côté de la piscine.

d c'est au bord de la rivière, à droite.

e Allez à droite.

f continuez tout droit.

← les vélos
← le parking
↑ la piscine
↑ le café
→ le canoë-kayak
→ les pédalos

2 *Lire* **Un week-end au centre de vacances. Ils aiment faire quoi? Lis les phrases et complète la grille.**

1 Qu'est-ce qu'on peut faire lundi? Je préfère faire du canoë, moi, ou bien aller au cinéma, mais jouer au badminton, c'est trop fatigant.

2 Mardi? J'adore jouer au tennis et faire du vélo, mais je n'aime pas aller dans les magasins. Le shopping, c'est ennuyeux.

3 Et mercredi? Oh, je déteste jouer au squash, mais le club des jeunes, c'est intéressant, et j'aime beaucoup faire du paintball.

4 Jeudi, on peut jouer au basket. Tu aimes ça? J'aime faire de la voile, mais je déteste aller en discothèque.

5 Eh bien, vendredi, on peut faire de la natation ou jouer au basket sur la plage. La planche à voile? Je n'aime pas ça, moi. Et toi?

	♥	♥	✗
Monday	canoeing	cinema	badminton
Tuesday	tennis		
Wednesday			squash
Thursday		sailing	
Friday		basketball	

3 *Écrire* **Copie et complète le texte pour Gérard.**

Je m'appelle Gérard et j'ai [image] . Je suis [image] au centre

de vacances. Je commence à [image] du lundi au samedi. ♥

le travail, mais je préfère [image] parce que c'est amusant. Je gagne 15€ de l'heure.

maître nageur
onze heures du matin
dix-huit ans
quinze euros
faire de la planche à voile
j'aime

À toi B

1 *Lire* Lis la publicité et choisis les bonnes réponses.

1 La Bastide est près:
a du port **b** de l'aéroport **c** de la gare.

2 On peut nager
a en été **b** au printemps **c** en hiver.

3 Le centre de vacances est près
a de la plage **b** de la montagne **c** de la rivière.

4 On peut faire
a du vélo **b** de l'équitation **c** de la planche à voile.

5 Tous les mercredis, on peut aller
a au cinéma **b** au marché **c** dans le petit magasin.

6 Il y a
a vingt chalets **b** trente chalets
c quarante chalets.

7 Un chalet coûte six cents euros pour
a un mois **b** six jours **c** une semaine.

La Bastide – centre de vacances
Découvrez la Dordogne

- Situé dans le sud-ouest de la France au bord de la rivière
- Ouvert du 10 avril au 28 octobre
- À quinze minutes de l'aéroport de Bergerac
- À neuf heures en voiture de Calais
- Sports nautiques
- Piscine ouverte entre juin et octobre
- Terrain de jeux
- Café-restaurant
- Connexion d'ordinateur portable dans le café
- Discothèque ouverte tous les soirs
- Petit magasin au centre ouvert tous les jours de sept heures trente jusqu'à vingt-deux heures
- Marché tous les mercredis
- 30 chalets de 600€ pour sept jours pour une famille de quatre personnes

2 *Lire* Lis les textes et corrige les erreurs.

Je m'appelle Sébastien. Je travaille dans la cuisine du centre de vacances de huit heures du matin à dix-huit heures du soir. Je prépare les légumes, les carottes, les pommes de terre, la salade, les oignons ... Je préfère le fast-food, c'est moins difficile! Je trouve mon travail dur et ennuyeux. En plus, je ne suis pas très bien payé.

Je m'appelle Claire. Je suis très sportive et je préfère travailler en plein air. J'aime surtout les sports nautiques et je suis très contente parce que je peux gagner de l'argent et m'amuser en même temps. Malheureusement en septembre, c'est la rentrée et je vais continuer mes études au lycée.

1 Sébastien travaille dans le restaurant.

2 Il n'aime pas son travail parce que c'est varié.

3 Le travail est très bien payé.

4 Claire aime travailler dans le bureau.

5 Elle va continuer son travail en automne.

3 *Lire* Relis les textes et trouve les phrases en français.

1 I find my work hard and boring.

2 I am going to continue my studies at school.

3 I can earn money and have fun at the same time.

4 What's more, I'm not very well paid.

4 *Écrire* Réponds aux questions.

1 Qu'est-ce qu'on peut faire au centre de vacances?

2 Quelle sorte de travail voudrais-tu faire dans un centre de vacances?

3 Pourquoi voudrais-tu faire ce travail?

À toi A

1 Lire Choisis un hôtel qui convient à ces clients.

Hôtel Châtelet ★★★

30 chambres avec salle de bains, douche et W.-C., télévision, bar et parking. Animaux acceptés. À côté de la gare et à dix minutes du centre-ville. Tarif: 35€–60€ Petit déjeuner 7€

Hôtel Terminus Nord ★★★★★

Hôtel de luxe au centre-ville. 200 chambres avec salle de bains, douche et W.-C., téléphone, télévision, restaurant, bar et parking. Piscine, sauna, salon de beauté. Salle de conférences pour 100 personnes. Mariages et fêtes. À côté du parc. Tarif: 135€–260€ Petit déjeuner 15€

1 Mme Legrand voudrait un petit hôtel qui accepte les chiens. *Hôtel Châtelet*

2 M. Lenoir cherche un grand hôtel pour le mariage de sa fille.

3 Marie-Claire cherche un hôtel pour une conférence.

4 Jean-Philippe voudrait un hôtel près de la gare.

5 Mlle Leclerc cherche un hôtel avec un restaurant.

6 Henri n'a pas beaucoup d'argent.

7 Sophie voudrait rester dans le centre-ville.

2 Écrire Écris une brochure pour un hôtel.

Hôtel Clément ★★★
Hôtel de luxe près de l'aéroport …

3 Lire Lis le fax et corrige les erreurs dans les phrases.

À l'attention de Mme Lenoir
Objet: réservation M. Leblanc

Nous avons le plaisir de confirmer votre réservation: une chambre pour deux personnes avec douche pour trois nuits à partir du 3 mars.

Salutations distinguées
Delphine Rochefort

1 The fax is for M. Leblanc. *Mme Lenoir*

2 Delphine Rochefort wants to book a hotel room.

3 The reservation is for a single room with a shower.

4 M. Leblanc will check out on 6th May.

4 Écrire À toi. Écris un fax pour ton chef.

Exemple: Je vous écris pour réserver …

Jude
Please send a fax to the Hôtel Ambassador to book 2 single non-smoking rooms for 3 nights from July 13th. I'd prefer rooms with a sea view. Ask if there is a lift and for confirmation by fax.

À toi B

1
Lire Lis la lettre et écris une liste des problèmes en anglais pour ton chef.

> **tôt** – early
> **survenus** – occurred

2
Lire Relis la lettre. Copie le texte et remplis les blancs.

On est restés à l'hôtel _____ .
La secrétaire a écrit la lettre pour se _____ parce qu'il y avait des _____. La salle de conférences était trop _____ et les chambres étaient _____. La _____ n'était pas disponible. Le restaurant fermait _____ et le chauffage _____. La conférence a été un _____.

> réceptionniste
> était cassé
> la semaine dernière
> sales
> plaindre
> petite
> à dix heures
> désastre
> problèmes

Londres, le 18 novembre

Monsieur,

Je vous écris pour me plaindre des problèmes survenus pendant notre conférence dans votre hôtel la semaine dernière. Nous espérons que vous pouvez nous rembourser une partie de la somme que nous avons payée, car la conférence a été un vrai désastre à cause de ces problèmes.

La salle de conférences était trop petite. Nous voulions 40 chaises, mais il n'y en avait que trente-sept. Il n'y avait pas assez de tables de conférences pour 40 personnes. Le rétroprojecteur ne marchait pas et il n'y avait pas de photocopieuse.

Dans les chambres un poste de télévision était cassé. Il y avait un problème avec le chauffage et les chambres étaient sales. Le restaurant fermait à dix heures le soir, mais c'était trop tôt pour nous. En plus, il n'y avait jamais de personnel à la réception.

Bref, nous ne sommes pas très contents de notre séjour dans votre hôtel et nous attendons avec impatience votre réponse.

Je vous prie d'agréer, monsieur, l'expression de mes sentiments distingués.

J. Clare

Jenny Clare
Secrétaire

3
Écrire Utilise le texte de l'exercice **1** pour écrire une lettre pour te plaindre.

> – problems in the conference room
> – no pens or glasses
> – only 22 chairs (wanted 25)
> – photocopier broken
> – overhead projector broken

4
Écrire Lis les notes d'une conversation avec un client et écris un message pour la réceptionniste.

Exemple: Lisette, Mme Johnson a téléphoné et elle veut organiser …

Peux-tu confirmer les détails par e-mail, s'il te plaît?
Merci.
Paul

> – Mrs Johnson wants to arrange a conference
> – December 11th
> – 46 people
> – 40 single rooms with shower (all non-smoking)
> – 3 double rooms with a sea view and balcony (1 smoking)
> – conference room with 20 conference tables, overhead projector, laptop, flipboard
> – confirm by e-mail

À toi A

1 *Écrire* **Copie et complète le texte pour Carine.**

Je m'appelle Carine et je suis très sportive. Je vais **(1)** _____ une fois par semaine. Au centre sportif, on peut faire beaucoup d'activités, par exemple **(2)** _____ ou faire de la danse. Moi, **(3)** _____ faire de l'athlétisme. J'aime aussi **(4)** _____ . Je n'aime pas **(5)** _____ , mais **(6)** _____ utiliser le jacuzzi et j'adore me bronzer dans **(7)**_____ . Le sauna, c'est génial aussi, surtout après la natation. En hiver, je voudrais **(8)** _____ .

2 *Lire* **Copie et complète la grille en anglais pour chaque message.**

Name	Alphonse Dupont							
Item	MP3 player							
Location	Cloakroom							
Description	Sony, silver							

1 Alphonse Dupont a perdu son lecteur MP3 dans les vestiaires. C'est un Sony argenté.

2 Sarah-Jane Walter a perdu sa serviette dans la piscine. Elle est rose et blanche.

3 Thomas Kiendl a perdu sa veste dans le café. Elle est marron et en cuir.

4 Sophie Moisdeau a perdu sa raquette de badminton dans la salle de sport. Elle est orange et blanche.

5 Henri Bernard a perdu son sac dans les toilettes. Il est grand et vert.

6 Marie-Line Buffet a perdu ses patins dans la patinoire. Ils sont blancs.

7 Luc Foulon a perdu ses chaussures de sport dans les vestiaires. Elles sont bleues et blanches.

8 Camille Robert a perdu sa montre dans la salle de musculation. Elle est rose.

3 *Écrire* **Tu as perdu des objets. Écris un message en français.**

Exemple: 1

J'ai perdu mon sac de sport dans les vestiaires. C'est un sac noir et blanc. J'ai aussi perdu une raquette rouge.

2

3

4

À toi B

1 *Lire* **Lis les textes et trouve les phrases en français.**

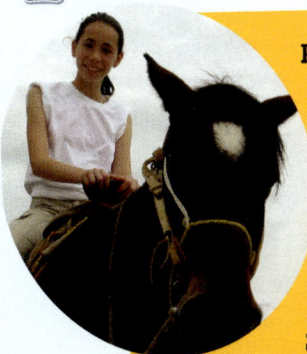

Premiers Galops
Vous aimez les chevaux? Le centre vous offre l'équitation pour tous. On peut faire du cheval dans les bois ou un cours dans le manège. Il y a une réduction pour les enfants de trois à six ans et pour les groupes de huit personnes. Si vous êtes un membre du centre sportif, il y a un tarif spécial. Il faut réserver un jour à l'avance. On peut louer une bombe.

Au sommet de la vague
Si vous adorez les sports nautiques, on vous offre des séances de surf avec une compétition finale au bout de la semaine. Le surf, c'est un sport extrême, alors il faut avoir au moins douze ans. Les enfants de moins de douze ans ne sont pas acceptés. Si vous ne savez pas bien nager, cette activité n'est pas pour vous. On peut louer une planche. Pour les membres du centre sportif, il y a un prix intéressant. Rendez-vous sur la plage.

le manège – indoor school
une bombe – riding hat

1 You can ride in the wood.

2 You must book one day ahead.

3 Children from three to six years old.

4 You can hire a hat.

5 At the end of the week.

6 You have to be at least 12 years old.

7 Children under 12 years old.

8 If you cannot swim well.

9 You can hire a surf board.

10 Meet at the beach.

2 *Écrire* **Écris une petite brochure pour un cours de danse.**

Dance Rock'n'Roll

- 2 groupes: âge? heures?
- rendez-vous?
- réservation nécessaire?
- prix?

4 *Écrire* **Réponds aux questions.**

1 Qu'est-ce qu'on peut faire au centre sportif dans ta ville?

2 Quels sports préfères-tu? Pourquoi?

3 Que penses-tu des sports extrêmes? Pourquoi?

3 *Écrire* **Copie les phrases dans le bon ordre.**

Aujourd'hui dans le centre de loisirs:

1 faire Aujourd'hui du tir à on peut l'arc.

2 réserver de Je voudrais un court squash.

3 de golf à la des clubs On peut louer réception.

4 natation de Leçons – au demandez maître nageur.

5 utiliser de midi le jacuzzi à On peut deux heures.

6 perdu dans mon la salle de J'ai portefeuille sport.

7 enfants C'est gratuit de moins de six pour les ans.

8 est fermée La patinoire jour de Noël le décembre, 25.

À toi A

1 *Lire* **Lis la carte postale et les phrases. C'est vrai ou faux?**

1 Sylvie a passé ses vacances en France.

2 Elle a logé dans un camping.

3 Elle est restée deux semaines.

4 Il faisait beau.

5 Elle a fait de l'équitation.

6 Elle a aimé la cuisine anglaise.

7 Le matin, elle est allée en discothèque.

8 Elle voudrait retourner à Woolacombe.

> Salut,
>
> J'ai passé mes vacances en Angleterre et je me suis bien amusée. J'ai logé avec ma famille et ma copine Monique dans un camping à Woolacombe pendant huit jours. C'était chouette parce qu'il faisait du soleil toute la semaine. Alors, j'ai fait de la planche à voile et j'ai fait du surf tous les jours. J'ai mangé du poisson et des frites. C'était délicieux! La nuit, j'ai dansé en discothèque. Je voudrais revenir l'année prochaine.
>
> Bisous, Sylvie

2 *Écrire* **Utilise la grille pour écrire des phrases sur les vacances.**

Exemple: **1** J'ai passé mes vacances en France. Je suis resté(e) pendant dix jours. J'y suis allé(e) avec ma famille. J'ai logé dans un gîte.

	Où?	Combien de temps?	Avec qui?	Logé où?
1	France	10 jours	famille	gîte
2	Italie	1 semaine	mère	hôtel
3	Espagne	2 semaines	copains	appartement
4	Australie	3 semaines	famille	chez mon oncle
5	Grèce	12 jours	copains	camping

3 *Écrire* **Copie et complète le texte en français.**

Anne
Please book 1 return ticket on Eurostar from Waterloo to Paris for January 14th leaving at about 7.00 and returning the next day at about 20.00.
I want the package with 1 night in a hotel and a large car, a Mondeo or a Volvo S40, for the first day only.

Réservez votre séjour:

Départ de Waterloo   Destination ▢

Aller-retour ▢   Aller simple ▢

Date du départ ▢ ▢ ▢   heure ▢ ▢

Date du retour ▢ ▢ ▢   heure ▢ ▢

Passagers ▢ adultes ▢ enfants

Packagez et économisez !

Eurostar + hôtel ▢   nuits + voiture jours ▢

voiture (1er choix): sorte ▢   modèle préféré ▢

voiture (2ème choix): sorte ▢   modèle préféré ▢

À toi B

Voyager à Paris

Pourquoi voyager avec Eurostar? Parce que c'est plus rapide. En moins d'une demi-heure, vous avez fait votre enregistrement puisque c'est automatique. En seulement 2h35, vous arrivez au centre de la capitale française. Vous gardez vos bagages dans le train, alors pas de problèmes de valises perdues. Ce service unique existe depuis plus de dix ans. C'est le moyen le plus efficace. Peu importe s'il pleut ou s'il fait beau. À Paris, les correspondances avec le métro, par exemple, sont sur place. Alors, ce n'est pas difficile de continuer son voyage.

Pourquoi ne pas prendre l'avion? En effet, l'avion reste le moyen de transport le plus rapide. Le voyage de Londres à Paris dure seulement une heure. Mais le parking à l'aéroport est très cher, l'enregistrement est très lent – il faut enregistrer deux heures avant le départ. Et puis, on peut attendre longtemps l'arrivée des bagages une fois à destination. De temps en temps, il y a aussi le problème des bagages perdus. L'aéroport n'est pas près du centre de la capitale et s'il y a du brouillard, le vol est annulé quelquefois.

Pourquoi ne pas prendre le bateau? C'est le moyen de transport le plus vieux entre la France et l'Angleterre, mais il dépend du temps qu'il fait. Relaxant s'il fait beau, mais s'il fait mauvais, on risque des problèmes de mal de mer, et s'il y a des problèmes de temps comme une tempête, il est impossible de voyager. L'enregistrement prend une heure avant le départ et puis, le voyage est plus long, au moins une heure trente. Après, il vous faut trois heures pour aller à Paris en voiture, et puis ensuite, il faut trouver un parking.

1 *Lire* Lis le texte et les phrases anglaises. Trouve dans le texte les phrases françaises (soulignées en rouge).

1 the most efficient way
2 airport parking is very dear
3 you can wait a long time for luggage to arrive
4 it depends on the weather
5 lost luggage
6 you need three hours to get to Paris by car
7 relaxing if the weather is fine
8 you have to check-in two hours before departure
9 the flight is sometimes cancelled
10 you keep your luggage

2 *Lire* Relis le texte et réponds aux questions en anglais.

1 Which mode of transport has the quickest check-in?
2 Which has the shortest journey from London to Paris?
3 Which is not dependent on the weather?
4 Which has excellent transport connections?
5 How long has the most recent service been in existence?
6 Which weather condition is mentioned as a disadvantage for flying?
7 What is mentioned as a risk in sailing?
8 Why is there less risk of losing your luggage when travelling by Eurostar?

3 *Écrire* Réponds aux questions.

1 Quel moyen de transport préfères-tu et pourquoi?
2 Avec quel moyen de transport es-tu allé(e) en vacances?

À toi A

1 *Lire* **Trouve les erreurs. Recopie le texte avec les bonnes phrases.**

Exemple: Dans le magasin de souvenirs aujourd'hui, nous avons des t-shirts en jaune …

Offres spéciales

Dans le magasin de souvenirs aujourd'hui, nous avons des t-shirts en blanc et noir de cinq à sept euros. Si vous voulez une casquette, ça coûte seulement cinq euros aujourd'hui. Nous avons une grande sélection de casquettes en petite, moyenne et grande taille. Si vous n'avez pas beaucoup d'argent, un stylo est le souvenir le moins cher. Un cadeau pour papa? Un bic coûte un euro et un crayon deux euros. Vous cherchez un souvenir pour maman? Un petit paquet de bonbons coûte deux euros.

grand petit moyen

7€ 5€ 8€ 1,50€ 1€ 2€ 3€ 2€ grand 0,75€ petit

2 *Lire* **Qu'est-ce que Paul a visité? Copie les bonnes phrases.**

Venez voir:

- le marché
- le jardin public
- le château d'Anne
- le magasin de souvenirs
- le musée de l'aviation
- la cathédrale de Notre-Dame
- la bibliothèque
- le centre sportif
- la plage

Salut! Me voici en France! Aujourd'hui, j'ai visité un musée qui avait beaucoup d'avions. C'était chouette, surtout l'avion de Blériot, le premier pilote qui a traversé la Manche de la France en Angleterre. J'ai joué au foot au bord de la mer et après, j'ai nagé dans la mer. Puis maman voulait voir les plantes, alors nous avons fait un pique-nique dans le parc du château. Ensuite, j'ai choisi des t-shirts comme cadeau, et puis j'ai acheté des timbres pour mes cartes postales. J'ai visité une église aussi, mais c'était nul.

Paul

Exemple: Paul a visité le musée de l'aviation, …
Il n'a pas visité …

3 *Écrire* **Lis la lettre. Écris une lettre à l'office de tourisme en français, mais change les mots soulignés en bleu. Tu peux utiliser ces phrases.**

une liste des sites touristiques   des dépliants
un plan de la ville   une liste des animations
jouer au golf   visiter les musées
la musique   aller au concert/au cinéma
goûter les spécialités de la région
faire du cheval/du vélo/du shopping/de la natation

Monsieur,

Je voudrais visiter Dijon au mois d'août avec ma famille. Pouvez-vous m'envoyer des brochures et des cartes de la région? J'aime le sport. Je peux aller au centre sportif ou voir un match de foot? Mon frère aime jouer au tennis et il aime aussi les animaux. Il y a quelque chose d'intéressant pour lui? Mon père voudrait une liste des hôtels et des restaurants de la région, s'il vous plaît.

Veuillez agréer, monsieur, l'expression de mes sentiments distingués.

Maggie Clarke

À toi B

1 Lire Lis le texte et réponds aux questions.

Venez à Honfleur!

On peut visiter le Vieux Bassin, qui est un vieux port.

On peut acheter du poisson au port maritime.

Si vous aimez la culture, les galeries d'art sont au Vieux Bassin près du Musée Eugène Boudin.

Si vous aimez l'histoire, les impressionnistes (Corot, Monet, Boudin) ont habité à Honfleur parce que le paysage est beau.

Pour acheter un souvenir, allez au Vieux Bassin.

Il y a beaucoup de restaurants au centre-ville. Les spécialités de la région sont les fruits de mer et les crêpes.

Visites de la ville en français : tous les jours à 10h30

Visites en anglais : le mercredi à 11h

Visites guidées 4€ par personne

Visites du 1er avril au 15 octobre pour les individuels. Toute l'année pour les groupes.

La ville historique de Rouen n'est pas loin, à une heure en autocar. Visitez la cathédrale et la place où Jeanne d'Arc est morte. Il y a une excursion en autocar à Rouen tous les lundis à 9h45 devant l'office de tourisme (adultes 15€, enfants 12€).

Vous trouvez un parking payant au port maritime, un petit parking payant derrière l'église et un parking gratuit à 2 kilomètres du centre-ville.

L'office de tourisme est ouvert du lundi au samedi de 10 heures à 19 heures, sauf le dimanche (de 10 heures à 17 heures).

1 Au port maritime, c'est possible d'acheter

    a des souvenirs   b du poisson   c un billet.

2 Où est-ce qu'il y a un parking gratuit?

    a derrière l'église   b au port
    c à deux kilomètres du centre-ville

3 Si vous parlez anglais, la visite guidée est

    a le mercredi à onze heures
    b tous les jours à dix heures et demie
    c le mercredi à dix heures et demie.

4 C'est combien, la visite guidée de la ville?

    a quatre euros   b douze euros
    c quinze euros

5 Il n'y a pas de visite guidée pour les individuels

    a le quinze octobre   b le seize octobre
    c le six octobre.

6 À quelle heure part l'autocar pour Rouen?

    a Il part à dix heures et demie.
    b Il part à onze heures moins le quart.
    c Il part à dix heures moins le quart.

7 La ville de Rouen est

    a loin de Honfleur   b tout près de Honfleur
    c pas loin de Honfleur.

8 L'office de tourisme est fermé à quelle heure le dimanche?

    a cinq heures   b sept heures   c dix heures

2 Lire Réponds en anglais aux questions de ton patron sur Honfleur.

I need to know something about Honfleur before my business trip. Why is Honfleur famous? Are there any monuments or other places of interest? What is there to do in Honfleur? How about regional dishes? Is there anywhere nearby suitable for a short trip?

3 Écrire Décris ta ville pour ta patronne française qui veut visiter la région.

À toi A

1 *Lire* **Lis le texte et trouve les phrases françaises.**

1 I am writing about your newspaper advertisement

2 I would like this job because I love children

3 I have worked in a theme park

4 I am good at French and P.E.

5 I have already visited France and Switzerland

6 Can you send me more information?

Southend, le 11 décembre

Monsieur,

Je vous écris au sujet de votre annonce dans le journal pour le travail de moniteurs dans une colonie de vacances.

Je m'appelle Stephen Walters. J'ai dix-sept ans et je voudrais travailler en France pendant les grandes vacances. J'aimerais ce travail parce que j'adore les enfants et je suis sportif. J'ai travaillé dans un parc d'attractions à Southend. Je suis fort en français et en EPS. Comme sport, j'aime le football et la natation. J'aime aussi aller à l'étranger. J'ai déjà visité la France et la Suisse.

Mon C.V. est ci-joint. Pouvez-vous m'envoyer plus de renseignements?

Je vous prie d'agréer, monsieur, l'expression de mes sentiments les meilleurs.

Stephen Walters

2 *Écrire* **Choisis un emploi. Copie la lettre et change les phrases soulignées.**

1 Magasin de musique recherche caissiers/caissières. Connaissances en musique souhaitables.

2 Centre de loisirs cherche maître nageur et moniteurs/monitrices pour la saison d'été. Connaissances en anglais souhaitables.

3 *Lire* **Le job convient à qui? *Who is the best candidate for the job?***

Lucien

Je suis un étudiant de vingt ans et j'ai fait du baby-sitting pour ma petite sœur. Je parle anglais. J'ai un permis de conduire, mais je n'ai pas de voiture. Je peux commencer le vingt juillet.

Recherche baby-sitter du lundi au mercredi de 16 heures à 19 heures. 2 enfants de 4 et 6 ans. Voiture et expérience essentiels. Disponible à partir de la fin juin. Téléphonez au 01 26 78 07 29 (Madame Laurent).

Marie-Line

Je suis une étudiante de dix-neuf ans. J'étudie l'histoire. Je fais du baby-sitting régulièrement pour mon voisin. J'ai une voiture pour aller à l'université. Je peux commencer le seize juin.

Marcel

J'ai seize ans et je vais au collège. J'aime jouer au foot. Je n'ai pas fait de baby-sitting, mais j'ai un petit frère de onze ans. Je peux commencer le deux août après mes vacances en Espagne.

À toi B

1 *Lire* **Lis le texte et réponds aux questions en anglais.**

1 What sort of chain of shops is ToutTerrain?

2 What is the minimum age requirement?

3 Which jobs are available?

4 Where are the shops?

5 Which qualities are required?

6 What experience should you have?

> **à la vente** – in sales
> **requis** – required

ToutTerrain recrute

Importante chaîne de magasin de sport recherche pour la saison d'été (juillet et août) personnes âgées de seize à vingt ans pour travailler dans un bureau et à la vente. Positions offertes sur toute la France.

Qualités requises: travailleur et responsable.

Connaissances en sport souhaitables.

Pas d'expérience nécessaire.

Envoyez C.V. et lettre par e-mail: claire@jobsdetfr.net

2 *Écrire* **Écris une lettre en français à Claire pour ce travail.**

Sujet: Jobs d'été dans un bureau et à la vente

Chère Claire,

Je m'appelle … et j'ai … ans. Je voudrais travailler … parce que …

J'ai travaillé …

Comme loisirs/sport, j'aime …

Je parle …

Je suis fort(e) en …

Mon C.V. est ci-joint. Pouvez-vous m'envoyer plus de renseignements?

Merci.

3 *Lire* **Lis le texte et traduis les phrases soulignées en bleu en anglais.**

Salut,

Je vais te parler de mes deux semaines de stage en entreprise. Le collège a organisé mon stage. J'ai commencé le six mai et j'ai fini le 20 mai. C'était un peu long, mais j'ai beaucoup aimé mon stage parce que les collègues étaient gentils et je n'avais pas de devoirs. Je travaillais dans une agence de voyages, à la réception. Je distribuais le courrier, je répondais au téléphone et j'envoyais des fax. C'était vraiment bien. Ce que je n'aimais pas? Préparer le café pour les collègues et faire la vaisselle. Mon stage était très intéressant et j'aimerais travailler comme réceptionniste. Et toi? Qu'est-ce que tu penses de ton stage en entreprise? Tu as un petit boulot?

Bisous

Sophie

> **le courrier** – letters or mail

4 *Écrire* **Réponds en français à la lettre de Sophie. Qu'est-ce que tu as fait comme stage? C'était bien? Qu'est-ce que tu voudrais faire comme travail?**

À toi A

1 *Lire* **Lis les notes et complète la grille en anglais.**

Jeudi 13 juillet – candidats pour ce matin

Louis Lance travaille dans un café depuis dix mois. Entretien à neuf heures.

Simone Dulac travaille dans un centre sportif depuis un an. Entretien à neuf heures et demie.

Donatien Dubois travaille dans un parc d'attractions depuis douze semaines. Entretien à dix heures et quart.

Sylvie Corbet travaille dans la cuisine d'un restaurant depuis huit mois. Entretien à onze heures moins le quart.

Martin Lenoir travaille dans la cuisine d'un hôtel depuis deux ans. Entretien à midi et quart.

Name	Experience	How long?	Interview time
Louis Lance	Working in a café	10 months	9.00
Simone Dulac			

2 *Écrire* **Complète le texte avec les mots qui manquent.**

Je suis allé au restaurant avec des collègues anglais hier soir et **(1)** _____ un désastre! Nous avons pris **(2)** _____ à 30€ qui est assez cher. Comme boissons, nous avons pris **(3)** _____ de vin rouge et un jus **(4)** _____ . Pour commencer, Dave a choisi le cocktail aux fruits de mer, mais il est **(5)** _____ aux moules et il a vomi! Sa femme, Kate, a choisi **(6)** _____ parce qu'elle est au régime, mais elle n'aime pas les tomates! Ma copine a choisi le potage au poulet, mais c'était **(7)** _____ . Comme tu sais, je suis végétarien, alors je ne mange pas de **(8)** _____ . Enfin, j'ai choisi la soupe à l'oignon, mais je **(9)** _____ l'ail. Ensuite, j'ai choisi la quiche. Malheureusement, c'était **(10)** _____ salé! Il y avait du canard à l'orange, un bon plat français, mais les Anglais ont choisi le rosbif qu'ils n'ont pas aimé. Tout le monde **(11)** _____ le fromage. Pour finir, une tarte **(12)** _____ . Délicieux!

a adoré
viande
le menu
trop
de pommes
allergique
n'aime pas
une salade composée
froid
au chocolat
une bouteille
c'était

il a vomi – he was sick

3 *Écrire* **Voici les notes d'une conversation au téléphone. Écris un message pour ta patronne en français.**

Exemple: Mme Poirot veut réserver une table …

Mme Poirot wants to reserve a table for 6 for Saturday 3rd October at 8.30 p.m. She would prefer a table in the smoking area near the window. She wants to know if there is a vegetarian dish. Her daughter is allergic to garlic.

À toi B

1 *Lire* Lis la lettre et réponds aux questions en anglais.

Salut, Henri!

Quelle journée! Comme tu sais, je travaille dans un centre sportif en France pendant les grandes vacances (j'ai commencé cette semaine). C'est un peu ennuyeux, mais c'est mieux que mon dernier job, je t'assure. L'été dernier, j'ai travaillé dans un restaurant à Dijon. D'abord, je travaillais en cuisine, je préparais les desserts et les boissons. Le travail était fatigant, mais c'était facile.

Puis je répondais au téléphone et j'écrivais les détails des réservations dans un livre. Quelquefois, c'était difficile parce que les Français parlent vite, mais malgré tout, j'arrivais à noter l'heure, le nombre de personnes, fumeurs ou non-fumeurs. Le plus difficile, c'était le nom! Bon, parfois j'oubliais de noter les réservations, alors bien sûr, les clients se plaignaient ... Parfois aussi, le service était trop lent, alors bien sûr, le potage était froid. Ou alors j'apportais des biftecks à des clients végétariens! Ils disaient: «Le service est vraiment affreux ici.» ou «Ce serveur est impoli, c'est inacceptable!» Quelquefois, ils attendaient l'addition depuis une demi-heure. Et quand elle arrivait, elle n'était pas juste! Ils voulaient une réduction ... Bref, ce n'est pas facile d'être serveur. Mais cette année, c'est mieux. Qu'en penses-tu? Et toi, comment est ton petit boulot?

Bien à toi
Darren

1 When was Darren working?

2 Which activity did he find the easiest?

3 What problem did he find when answering the telephone?

4 Why were there problems with reservations?

5 Why did the customers complain about the slow service?

6 Why did the vegetarian customers complain?

7 What problems did customers have with the bills?

8 What does Darren think about a career as a waiter?

2 *Lire* Trouve les mots dans le texte qui signifient la même chose.

1 vingt-quatre heures

2 Je notais

3 terrible

4 quelquefois

5 une personne qui ne mange pas de viande

6 il y avait une erreur dans l'addition

3 *Écrire* Imagine que tu es Henri et écris une réponse à Darren sur ton boulot.

Salut, Darren!

Quel désastre! Moi aussi, je pense que .../je ne pense pas que ...

Moi, je travaillais comme /au/à la ...

J'ai voyagé ...

J'ai commencé le ...

Comme activités, je faisais ...

Je le trouve ...

À toi A

1 *Lire* **Copie les phrases et corrige les erreurs. Utilise les mots dans la case.**

1 Je viens au cybercafé pour danser. *Je viens au cybercafé pour imprimer.*

2 Internet, c'est idéal pour trouver une boisson.

3 On peut surfer sur la mer.

4 Je surfe sur Internet quand je veux faire du vélo.

5 On peut réserver des renseignements au cybercafé.

6 Pour surfer sur Internet, il y a un distributeur automatique.

7 On peut jouer au foot.

8 Pour écouter de la musique, on a besoin d'une photocopieuse.

> envoyer les courriers électroniques   **imprimer**
> les prix les plus bas pour les vacances   Internet
> acheter une boisson
> aux jeux vidéo   des écouteurs
> rechercher

2 *Lire* **Mets en ordre ces consignes pour utiliser le courrier électronique.**

> **Exemple:**   Ouvrez la fenêtre du courrier électronique

Remplissez le champ **Objet**
Écrivez un message.
Cliquez sur le bouton **Envoyer**
Pour copier ce message à un autre copain, tapez l'adresse dans le champ **Cc**
Ouvrez la fenêtre du courrier électronique
Tapez l'adresse dans le champ **Adresse**

> **le champ** – field (area on screen you need to fill in)

3 *Écrire* **Pourquoi cliquer sur ces boutons? Écris une phrase pour chaque bouton.**

> **Exemple:**   **1**   Cliquez sur le bouton 1 si vous voulez chercher une destination.

> **chercher** – to look for
> **trouver** – to find
> **choisir** – to choose
> **payer** – to pay

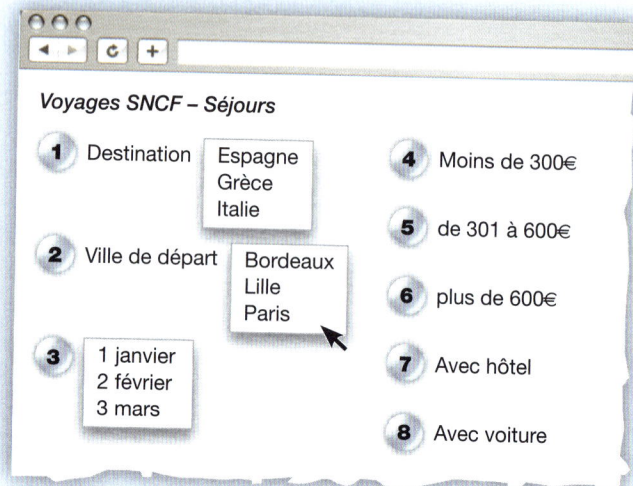

Voyages SNCF – Séjours

1 Destination   Espagne / Grèce / Italie

2 Ville de départ   Bordeaux / Lille / Paris

3 1 janvier / 2 février / 3 mars

4 Moins de 300€

5 de 301 à 600€

6 plus de 600€

7 Avec hôtel

8 Avec voiture

4 *Écrire* **Et toi? Tu vas partir en vacances. Écris un courrier électronique à un copain ou une copine en France pour lui décrire ta destination.**

> Salut!
> Je vais au carnaval à Bonn le 13 février.
> Je vais voyager ... Je vais loger ...
> Je vais voir ...

À toi B

1 Lire Lis le texte, puis corrige les erreurs dans les phrases.

Café Mondial

Venez au Café Mondial, Centre Internet et Multimédia, situé en face de la Gare du Nord. Il est ouvert de midi à minuit six jours par semaine. Bientôt, il sera ouvert le dimanche aussi; ainsi on pourra se connecter à toute heure du jour et de la nuit. Il y a dix-huit terminaux d'ordinateurs équipés de webcams et de téléphones. Venez ici pour garder le contact avec votre famille, consulter l'internet, utiliser le multimédia, télécharger vos chansons préférées, trouver un emploi, parler sur un forum ou tout simplement boire un café.

Il y a un tarif spécial si vous voulez envoyer ou recevoir le courrier: cinq minutes gratuites, puis six euros le quart d'heure. On peut envoyer une carte postale électronique et c'est gratuit! Si vous voulez faire des achats en ligne, trouver le prix le plus bas pour les jeux vidéo par exemple, le tarif est 9 euros par heure ou 20 euros les trois heures avec une boisson gratuite. Ou bien, on peut acheter une carte créditée de la somme de son choix. Mais très bientôt, il y aura des prix spécialement pour les étudiants à partir de 19h00. L'ambiance y est très bonne et les jeunes qui le fréquentent sont contents de sa création.

le forum – chatroom

1 La gare se trouve à gauche du café.

2 En ce moment, le café est ouvert le dimanche.

3 On ne peut pas écouter de la musique ici.

4 Si vous voulez utiliser l'ordinateur plus de cinq minutes, il ne faut pas payer.

5 Il faut acheter une boisson si vous avez besoin de plus de deux heures.

6 Le prix d'une carte postale est vingt euros.

7 Bientôt, il y aura une réduction pour les étudiants avant sept heures du soir.

8 Les personnes qui viennent ici n'aiment pas l'atmosphère.

2 Lire Relis le texte et trouve le français.

1 at all hours of day and night

2 speak in a chatroom

3 in order to keep in touch

4 to send or receive mail

5 to shop on-line

6 the lowest price

7 the sum of your choice

8 the young people who go there

3 Écrire Écris un e-mail à un(e) ami(e). Dis-lui huit choses que tu as faites au cybercafé samedi dernier.

Exemple: Je suis venu(e) au cybercafé, samedi dernier. J'ai téléchargé des chansons, …

À toi A

1 *Lire* Copie et complète la grille en anglais pour chaque événement.

When you come across words you don't know, use the context to help you work them out. Think about whether they resemble English words or other French words you know too.

	Event	Dates/times	Price	Location	Activities
1					

1
22e Fête Médiévale
Au château
11 et 12 juin 10h – 17h

Il va y avoir des batailles
Nous organisons des tournois à cheval
Il va y avoir du tir à l'arc, des jongleurs, des acrobates, de la danse et de la musique
entrée adultes 4€, enfants 3€, moins de 5 ans gratuit

2
La fête foraine
Mardi 13 juillet
le Parc des Princes
11h30 – 14h30 On peut faire un pique-nique sur l'herbe

Château gonflable pour les enfants
15h grande parade dans le parc. Il va y avoir des orchestres et des fanfares
20h concert en plein air – Camille en live et beaucoup d'autres chanteurs
21h feu d'artifice
entrée 15€

château gonflable – bouncy castle

3
Fête de la rivière
Un week-end pour toute la famille
1er et 2 mai à partir de 9h30 jusqu'à 16h
Bateaux et pédalos à louer
Il va y avoir un concours de pêche à la ligne toute la journée
Barbecue – rôtisserie de poulet et de porc
Entrée gratuite

4
Mardi gras
Le 24 février
20h – 01h
Bal masqué dans le château
Dîner et champagne compris
Tickets 40€ disponibles au château

2 *Écrire* Copie et complète le texte.

J'ai fait une excursion en car à Southend-on-sea avec ma copine le quinze août. Nous avons fait une (1) _____ sur la jetée. Nous avons fait (2) _____ au bord de la mer et puis (3) _____ le musée de la mer, c'était amusant. Nous avons passé l'après-midi à la plage, il faisait (4) _____ . Il y avait une grande parade le long du front de mer parce que (5) _____ le jour du carnaval. Après, il y avait un super spectacle d'avions, mais ma copine avait (6) _____ . Le soir, (7) _____ au parc d'attractions et après, (8) _____ du poisson et des frites. Finalement, (9) _____ le feu d'artifice! C'était une journée fatigante, mais (10) _____ !

nous sommes allés
nous avons regardé
nous avons visité
nous avons mangé
promenade
peur
formidable
chaud
un pique-nique
c'était

3 *Écrire* Et toi? Décris une journée que tu as passée récemment lors d'un voyage ou un événement dans ta région.

À toi B

1 *Lire* **Lis le texte et trouve au moins cinq mots qui ressemblent aux mots anglais.**

Il va y avoir un spectacle son et lumière pour célébrer la Fête Nationale le soir du 14 juillet au Château de Vincennes. On peut y voir une succession de parades fabuleuses, de cavalcades héroïques et dès la tombée de la nuit, l'histoire de la Bastille et l'exécution de Louis XVI et de Marie-Antoinette à la guillotine. Il va y avoir plus de cent acteurs et actrices. On va chanter 'la Marseillaise' et puis il va y avoir un feu d'artifice aux couleurs nationales à la fin du spectacle.
Le spectacle est de 21h30 à 22h30, mais venez tôt pour avoir une bonne place parce que l'année dernière, il y avait plus d'un million de spectateurs.
Il y a un grand parking au château, mais voyager en métro, bus ou RER est plus pratique. Vous pouvez obtenir plus de renseignements de l'office de tourisme.
Vous pouvez acheter des billets à la caisse à partir de 18h ou à l'office de tourisme.

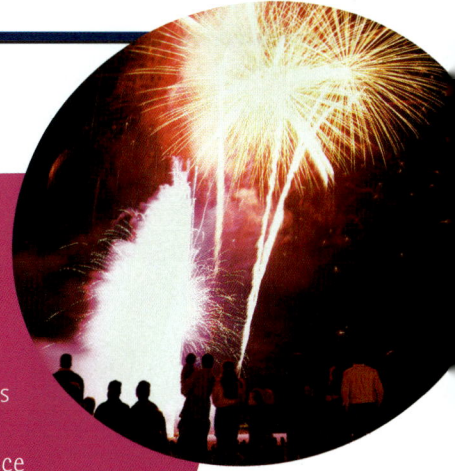

La Marseillaise – French National Anthem

2 *Lire* **Trouve les mots ou phrases qui ont le même sens:**

1 fêter
2 un défilé
3 au bout
4 de bonne heure
5 procurer
6 gens qui regardent les parades, etc.

3 *Écrire* **Lis le texte et écris un résumé en anglais pour ton patron qui voudrait voir ce spectacle.**

While I am in Paris I'd like to see the Bastille Day celebrations – can you find out what is going on and let me know the details?

The best event I have found takes place at the Château de Vincennes on the 14th July in the evening. You can see parade after parade …

4 *Écrire* **Et toi? Décris un événement qu'il va y avoir dans ta région.**

il va y avoir
on va voir
il va commencer
il va finir
il va durer
on va organiser
ça va être

À toi A

1 *Lire* **Corrige les erreurs dans les phrases anglaises.**

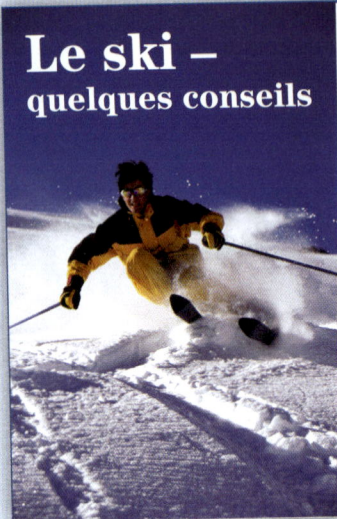

Le ski – quelques conseils

- 🎿 Prenez une assurance. Il faut payer pour les secours.
- 🎿 Consultez la météo et les informations sur les pistes, comme l'ouverture et la fermeture.
- 🎿 Obtenez et conservez le plan des pistes.
- 🎿 Buvez beaucoup d'eau.
- 🎿 Protégez-vous avec des crèmes solaires.
- 🎿 Équipez-vous avec du matériel adapté et bien réglé.

- 🎿 Protégez-vous avec des gants et des lunettes. Les enfants ont besoin d'un casque.
- 🎿 Entraînez-vous d'abord et n'oubliez pas l'échauffement.
- 🎿 Hors-piste: ne partez pas sans être accompagné d'un professionnel de la montagne.
- 🎿 Souriez, détendez-vous, vous êtes en vacances! La montagne est si belle.

assurance – insurance
conserver – to keep
réglé – adjusted
échauffement – warming-up
hors-piste – unsupervised ski slopes
détendez-vous – relax

1 If you have an accident you will be rescued free of charge.

2 You should check the news before setting off.

3 Get a plan of the ski-runs and keep it in your suitcase.

4 Drink lots of mulled wine.

5 Put make-up on before skiing.

6 You can wear any sportswear for skiing.

7 Children need to wear a bobble-hat.

8 Skiing is as easy as sitting in an armchair: no prior preparation is required.

9 You can leave the ski runs and ski through the pine-trees on your own.

10 Skiing is a really hard sport, full of stress.

2 *Écrire* **Qu'est-ce qu'on doit faire quand on est moniteur de ski? Trouve huit activités qu'un moniteur doit faire.**

Exemple: Il doit enseigner aux skieurs

J'enseigne aux skieurs.

Je suis membre d'une école de ski.

J'enseigne les règles de conduite à la montagne.

J'enseigne la voile.

Je parle au moins une langue étrangère.

Je travaille en été.

J'informe sur les règles de sécurité.

Je bois du vin chaud.

Je reste en forme.

Je suis au pair.

Je connais les dangers de la montagne.

J'ai de la patience.

À toi B

1 *Lire* Lis les textes et traduis en anglais les expressions soulignées.

Vous cherchez un emploi?
Alors, suivez la piste.

ANPE – Jobcentre
les agences d'intérim – employment agencies

a Allez à l'ANPE. Un conseiller professionnel va vous aider à décider quoi faire.

c Retournez dans votre lycée. Quelquefois, les entreprises viennent aux lycées pour recruter leur personnel.

e Reprenez contact avec l'entreprise où vous avez fait votre stage.

b Écrivez votre C.V. Un C.V. doit être court, clair et précis – comme ça, vous obtenez un rendez-vous.

d Allez voir les agences d'intérim. Ils peuvent vous proposer des emplois d'intérim.

f Lisez les journaux. Vous y trouvez des offres d'emploi.

2 *Lire* Lis les phrases. Pour chaque phrase, trouve le bon texte dans l'exercice 1.

1 Je viens de quitter le lycée et je vais à l'université au mois d'octobre. Alors demain, je vais chercher un petit job pour l'été.

2 J'ai fait un stage aux Galeries Lafayette, qui est un grand magasin à Paris. C'était génial, alors je vais y retourner parce que je voudrais travailler dans le commerce.

3 Je ne voudrais pas aller à la fac. Je voudrais trouver un emploi bien payé dans ma ville et gagner beaucoup d'argent. Je vais acheter les journaux régionaux.

4 Je suis parti en vacances le lendemain de la fin des cours au lycée, donc je n'ai pas encore commencé à écrire mon parcours scolaire (matières que j'ai étudiées jusqu'à présent et activités extrascolaires).

5 Je ne sais pas quoi faire: continuer mes études ou trouver un emploi intéressant. Le métier que je voudrais faire, c'est travailler avec les animaux, mais comment y arriver? J'ai besoin de conseils!

6 Demain soir, j'ai l'intention de retourner dans mon ancien collège avec mes copains parce qu'il va y avoir une journée portes ouvertes sur les métiers. Comme ça, je peux parler avec les représentants de toutes sortes d'entreprise et trouver des renseignements essentiels.

conseils – advice
journée portes ouvertes sur les métiers – careers open day

3 *Écrire* Réponds aux questions.

1 Quand est-ce que tu vas quitter le collège?

2 Qu'est-ce que tu vas faire ensuite? Pourquoi?

3 Si tu vas au lycée, dans quelles matières voudrais-tu continuer tes études? Pourquoi?

4 Qu'est-ce que tu voudrais faire dans la vie?

5 As-tu l'intention d'aller à l'université? Quels sont les avantages et les inconvénients d'être étudiant(e)?

Grammaire

Glossary of grammatical terms

Glossary of grammatical terms

Examples for each term are given in *italics*.

adjective	a describing word (*rouge, petite, intéressants*). The words for 'my', 'your', etc. are **possessive adjectives**.
adverb	a word used to describe an action (*vite, souvent*).
article	the word 'a', 'some' or 'the' before a noun (*un/une/des, le/la/les*).
connective	a word used to join phrases or sentences (*mais, parce que*).
gender	tells you whether a noun is masculine or feminine (*un sandwich* is masculine, *une pizza* is feminine).
imperative	the verb form you use when you are telling someone to do something (*copie et complète; allez tout droit*).
infinitive	the original, unchanged form of the verb, which you find in the dictionary (*travailler* 'to work', *avoir* 'to have').
intensifier	a word or phrase placed before an adjective to make it stronger or weaker (*très, un peu*).
irregular verb	a verb which does not follow the set rules of the main verb types but has its own pattern (*faire, être*).
noun	a word which names a thing or a person (*hôtel, client*).
plural	referring to more than one person or item (*les chambres, nous, trois limonades*).
preposition	a word used to show where someone or something is (*sur, à*, etc.) or to show possession (*de*).
pronoun	a word which stands in place of a noun (*elle, tu*). A **subject pronoun** tells you who or what does the action.
reflexive verb	a verb which includes a pronoun before the verb (*se lever*).
regular verb	a verb which follows the rules/pattern of the main verb types (*-er* verbs, *-ir* verbs, *-re* verbs).
singular	referring to only one person or item (*une voiture, tu*).
tense	relating to verbs, showing when the action takes place (e.g. the present tense, the perfect tense).
verb	a word used to say what is being done or what is happening (*acheter, être*).

SECTION 1
Nouns and pronouns

1.1 Gender

A noun is a word which names a thing or a person. In French, all nouns are masculine or feminine.

Masculine	Feminine
le café	la patinoire
un café	une patinoire

Learn a noun's gender when you learn each new word. In the *Vocabulaire* section or a dictionary, you will see (m) or (f) after the noun.

As in English, some job nouns change to show the gender of the person doing them:
Il est **chanteur**.   *He is a male singer.*
Elle est **chanteuse**.   *She is a female singer.*

Some jobs don't change:
Il est profess**eur**.   *He is a teacher.*
Elle est profess**eur**.   *She is a teacher.*

1.2 Singular/plural

A noun is singular if it refers to only one person or thing, and plural if it refers to more than one.
Most nouns form their plural by adding **-s**.
la ville (singular) → les ville**s** (plural)

Words ending in **-eu** and **-eau** add **-x**.
un chât**eau** → des chât**eaux**
Words ending in **-al** change to end in **-aux**.
un journ**al** → des journ**aux**

1.3 The definite article

The definite article is *the*. There are three words for *the* in French:

le (before masculine words)   **le** café
la (before feminine words)   **la** patinoire
les (before plural words)   **les** cafés, **les** patinoires

le and **la** become **l'** before a vowel sound   **l'**hôtel

You use the definite article before nouns when talking about likes and dislikes.
Je n'aime pas **le** sport.   *I don't like sport.*

1.4 The indefinite article

The indefinite article is *a*. There are two words for *a* in French:
un (before masculine nouns)   **un** village *a village*
une (before feminine nouns)   **une** ville   *a town*

In the plural, **un** and **une** become **des** (*some*).
des villages *some villages, villages*

When you are talking about jobs people do, you do not use the indefinite article.
Mon père est mécanicien.

1.5 The partitive article

The partitive article is used when talking about a quantity of something. It means *some*. Use:
du (before masculine nouns)
du poulet   *some chicken*
de la (before feminine nouns)
de la salade   *some salad*
des (before plural nouns)
des frites   *some chips*
de l' (before nouns which begin with a vowel sound)
de l'eau   *some water*

Note **du/de la/de l'/des** all become **de/d'** in negative constructions:

Je voudrais **des** serviettes. → Il n'y a pas **de** serviettes.

The pronoun **en** means 'of it'/'of them' (though it's not always translated in English). It is used to replace **du/de la/de l'/des** or **de** + noun.

Vous **en** voulez combien? *How many (**of them**) do you want?*

1.6 Subject pronouns

A pronoun stands in place of a noun in a sentence. Subject pronouns tell you who or what does the action.

je	*I* (**j'** before a vowel sound)
tu	*you* (child, young person, someone you know well)
il	*he, it* (masculine noun)
elle	*she, it* (feminine noun)
on	*we, one*
nous	*we*
vous	*you* (more than one person, someone you need to treat formally, such as a customer, someone you don't know)
ils	*they* (males/mixed group/masculine nouns)
elles	*they* (females/feminine nouns)

1.7 Relative pronouns

Relative pronouns such as **qui** and **que** join two sentences. **qui** means 'who' or 'which' and refers back to the <u>subject</u> of the verb.

La Guadeloupe est une région française. Elle se trouve aux Caraïbes. →
La Guadeloupe est une région française **qui** se trouve aux Caraïbes.
*Guadeloupe is a French region **which** is situated in the Caribbean.*

que means *that* or *who* and refers back to the <u>object</u> of the verb.

les services **que** nous offrons aux touristes
*the services **that** we offer tourists*

1.8 Emphatic pronouns

Emphatic pronouns are used after prepositions or for emphasis.

chez **lui** *at his house*
Pour **moi**, un jus de pommes *An apple juice for me.*
Je ne sais pas, **moi**. *I don't know.*
Selon **moi** *In my opinion*

Here they are in full. Those which are different from subject pronouns are in blue:

moi	me
toi	you
lui	him
elle	her
nous	us
vous	you
eux	them (m)
elles	them (f)

SECTION 2 Adjectives

2.1 Position of adjectives

Most adjectives come after the noun they are describing.
une veste **rouge**   *a **red** jacket*

Some common adjectives come before the noun:
petit grand nouveau jeune vieux bon mauvais joli

une **nouvelle** stratégie – *a new strategy*

2.2 Agreement of adjectives

Adjectives change according to whether the noun being described is masculine or feminine, singular or plural. This is called 'agreement'.

For feminine, add **-e**   → une veste vert**e**
For masculine plural, add **-s** → des pulls noir**s**
For feminine plural, add **-es** → des chaussures bleu**es**

Some adjectives are **irregular**: they follow different patterns, e.g.

Singular		Plural	
Masculine	**Feminine**	**Masculine**	**Feminine**
blan**c**	blan**che**	blancs	blanches
canad**ien**	canad**ienne**	canadiens	canadiennes
gentil	gent**ille**	gentils	gentilles
affreux	affr**euse**	**affreux**	affreuses
nouv**eau**	nouv**elle**	nouve**aux**	nouvelles

Some adjectives are **invariable**: they never change, e.g.
marron   cool   super   sympa
une veste **cool**   des collègues **sympa**

There is no agreement when colours are used with **foncé** or **clair**:
une casquette **bleu clair** *a light blue cap*

2.3 Possessive adjectives

The words for my, your, etc., have a different form according to whether the noun owned or possessed is masculine, feminine or plural:

	Masculine	**Feminine**	**Plural**
my	**mon** sac	**ma** serviette	**mes** chaussures
your (tu)	**ton** sac	**ta** serviette	**tes** chaussures
his or *her*	**son** sac	**sa** serviette	**ses** chaussures
our	**notre** sac/serviette		**nos** chaussures
your (vous)	**votre** sac/serviette		**vos** chaussures
their	**leur** sac/serviette		**leurs** chaussures

For singular nouns beginning with a vowel sound, you use **mon**, **ton** or **son**, even when the nouns are feminine.
mon adresse *my address*

There is no **'s** in French. You show possession by using the pronoun **de** or **d'**.

Remember: **son**, **sa** and **ses** can all mean both *his* and *her*. It's the **noun** which decides which one you use. If the noun is masculine singular, you use **son**. If the noun is feminine singular, you use **sa**.

son sac	*his bag* or *her bag*
sa raquette	*his racquet* or *her racquet*

2.4 Comparatives and superlatives

Adjectives can be used to compare nouns with each other:
*Cars are fast, trains are **faster**, planes are the **fastest**.*

To compare two nouns, use:

plus ... que	*more ... than*
moins ... que	*less ... than*
aussi … que	*as … as*

Note that the adjective still agrees.

Les trains sont **plus** rapides **que** les voitures.
Trains are faster than cars.
Les motos sont **aussi** rapides **que** les voitures.   *Motorbikes are as fast as cars.*

Use the superlative when you want to say *the biggest, the most interesting*, etc.

For adjectives which come before the noun:
C'est **la plus grande** jetée **du monde**.
*It's **the biggest** pier in the world.*

For adjectives which come after the noun:
C'est **la** ville **la plus intéressante**.
*It's **the most interesting** town.*

Note the following useful expression:
Avez-vous quelque chose **de moins cher**?
Have you anything cheaper?

2.5 Demonstrative adjectives

The word for 'this'/'these' has a different form depending on whether the noun it is with is masculine or feminine/singular or plural.

Masculine	Feminine	Masculine before a vowel sound	Plural
ce couteau	**cette** fourchette	**cet** hôtel	**ces** moules

SECTION 3 Verbs

3.1 The infinitive

When you look up a verb in the dictionary, you find its original, unchanged form, which is called the **infinitive**: **réserver** (*to reserve*), **avoir** (*to have*), etc. Most infinitives end in **-er**, **-ir** or **-re**.

3.2 The present tense

The present tense is used:
* to describe what is happening **now**
  I am reading this book.
* to describe what **usually** happens
  I read a book every day.
* to describe a **general situation**
  I like reading.

There is only one present tense in French:
je mange   *I eat* or *I am eating*

3.3 The present tense of regular -er verbs

To use a verb in the present tense, you must change the infinitive according to a set of rules. You need to learn these rules by heart.

-er verbs are the most common type of verb. They take the following endings:

travailler	*to work*
je travaill**e**	*I work*
tu travaill**es**	*you work*
il/elle/on travaill**e**	*he/she*
	we/one works
nous travaill**ons**	*we work*
vous travaill**ez**	*you work*
ils/elles travaill**ent**	*they work*

3.4 The present tense of regular -ir and -re verbs

There are two other types of regular verb:
-ir verbs and **-re** verbs.

-ir verbs take the following endings:

finir	*to finish*
je fin**is**	*I finish*
tu fin**is**	*you finish*
il/elle/on fin**it**	*he/she*
	we/one finishes
nous fin**issons**	*we finish*
vous fin**issez**	*you finish*
ils/elles fin**issent**	*they finish*

-re verbs take the following endings:

vendre	to sell
je vend**s**	I sell
tu vend**s**	you sell
il/elle/on vend	he/she we/one sells
nous vend**ons**	we sell
vous vend**ez**	you sell
ils/elles vend**ent**	they sell

3.5 The present tense of irregular verbs

Some verbs follow their own pattern. They are called irregular verbs. Here are the most common irregular verbs.

avoir	to have
j'**ai**	nous **avons**
tu **as**	vous **avez**
il/elle/on **a**	ils/elles **ont**

Some French expressions use **avoir** (*to have*) even though English uses *to be*.

avoir … ans	to be … years old
avoir faim	to be hungry
avoir soif	to be thirsty

Quel âge **avez-vous**? *How old are you?*
J'**ai** dix-huit ans. *I'm eighteen.*
J'**ai** faim et j'**ai** soif. *I'm hungry and thirsty.*

You also use **avoir** to say what part of your body hurts.

J'**ai** mal à la tête. *I've got a headache.*

être	to be
je **suis**	nous **sommes**
tu **es**	vous **êtes**
il/elle/on **est**	ils/elles **sont**

aller	to go
je **vais**	nous **allons**
tu **vas**	vous **allez**
il/elle/on **va**	ils/elles **vont**

faire	to do or to make
je **fais**	nous **faisons**
tu **fais**	vous **faites**
il/elle/on **fait**	ils/elles **font**

In some expressions in English, **faire** is translated *to go*.

Je **fais** de la voile. *I go sailing.*

3.6 The present tense of reflexive verbs

Reflexive verbs are verbs which include an extra pronoun (before the verb). The infinitive of a reflexive verb has the pronoun **se**.

se réveiller	to wake up	se doucher	to shower
se lever	to get up	s'habiller	to get dressed
se coucher	to go to bed	se faire mal	to hurt oneself
se laver	to wash	se casser	to break
se reposer	to rest		

je **me** repos**e**	nous **nous** repos**ons**
tu **te** repos**es**	vous **vous** repos**ez**
il/elle/on **se** repos**e**	ils/elles **se** repos**ent**

3.7 Negatives

To make a sentence negative, put **ne … pas** round the verb to form a sandwich.

Le chauffage **ne** marche **pas**.
*The heating is **not** working.*

ne shortens to **n'** before a vowel sound.

Je **n'**aime **pas** ce travail. *I don't like the work.*
Il **n'**y a **pas** de savon. *There isn't any soap.*

Other negatives work in the same way. They form a sandwich around the verb.

ne … jamais	never
ne … rien	nothing
ne … plus	no more, no longer
ne … que	only

Il **n'**y a **que** trois chaises. *There are only three chairs.*

When there are two verbs in a sentence, **ne … pas** forms a sandwich round the first verb.

Je **ne** veux **pas** aller à Paris. *I don't want to go to Paris.*

3.8 The imperative

The imperative is the verb form you use when you are telling someone to do something. Instructions in *Contexte* use the imperative:

Copie et **complète**. *Copy and complete.*

When talking to someone you call **vous**, the imperative is the **vous** form of the verb without the word **vous**. This is the formal imperative.

N'**entrez** pas ici avec vos chaussures. *No entry with shoes!*

When talking to someone you call **tu**, the imperative is the **tu** form of the verb without the word **tu**. With **-er** verbs you also remove the final **-s** from the verb. This is the informal imperative.

tu manque**s** → Ne **manque** pas … *Don't miss …*

3.9 Question forms

There are three ways to ask a question in French:

- The easiest way is to say a sentence, but make your voice go up at the end (i.e. using rising intonation).

Vous avez choisi?

- The second way is to use **Est-ce que** at the start of a sentence.

  Est-ce qu'il y a une réduction?
  Is there a reduction?

- The third way is to turn round the verb and the pronoun. This is called **inversion**.

  Avez-vous choisi?   *Have you chosen?*
  Avez-vous fini?   *Have you finished?*

Note that when inversion is used, an extra **t** is added in between two vowels to help with pronunciation.

Comment va-**t**-il au travail?   *How does he go to work?*

Common question words

où	where	comment	how
quand	when	pourquoi	why
qui	who	à quelle heure	(at) what time

The question words are often combined with **est-ce que**.

Où est-ce que vous allez?   *Where are you going?*

Sometimes, inversion is used:

Comment voyagez-vous?   *How are you travelling?*

Qu'est-ce que …? means *What …?* You cannot use **est-ce que** or inversion with this expression.

Qu'est-ce qu'on peut faire ici?   *What can you do here?*

Quel …? is an adjective, meaning *Which …?* Like other adjectives, it changes according to whether the noun it refers to is masculine, feminine, singular or plural.

Quel train?	*Which train?*
Quelle heure?	*Which time?*
Quels billets?	*Which tickets?*
Quelles places?	*Which seats?*

3.10 Verbs with the infinitive

If there are two different verbs in a row in a sentence, the second verb is an infinitive.

J'aime/adore **jouer** au foot.   *I like/love playing football.*
Je déteste **faire de la natation**.   *I hate swimming.*

These verbs are also followed by the infinitive.

devoir	to have to	je dois	I must
pouvoir	to be able to	je peux	I can
vouloir	to want to	je veux/	I want/
		je voudrais	I would like

Elle **doit** accueillir les voyageurs.
She has to welcome the passengers.
On ne **peut** pas faire de la planche à voile.
You can't go windsurfing.
Je **veux** voir le défilé.   *I want to see the procession.*

avoir envie de also means 'to want' and is followed by an infinitive:
J'**ai envie d'**aller au carnaval.
I want to go to the carnival.

3.11 The near future tense

To talk about the future use the near future tense.

This consists of the appropriate part of **aller** + an infinitive.

je vais	nous allons
tu vas	vous allez
il/elle va	ils/elles vont

Demain, je **vais arriver à** huit heures du soir.
Tomorrow I am going to arrive at eight o'clock in the evening.
Il ne **va** pas **aller** à l'université.
He is not going to go to university.
Quand **allez-**vous **partir**?
When are you going to leave?

3.12 The perfect tense

The perfect tense (passé composé) is used to talk about the past. It is made up of two parts: the relevant part of **avoir** or **être** and the past participle.

j'ai joué   I played / I have played
je suis allé   I went

avoir	to have	
j'**ai**	nous **avons**	
tu **as**	vous **avez**	
il/elle/on **a**	ils/elles **ont**	

être	to be	
je **suis**	nous **sommes**	
tu **es**	vous **êtes**	
il/elle/on **est**	ils/elles **sont**	

Past participles of regular verbs are formed like this:

-er verbs   jou~~er~~ – jou**é**
-ir verbs   fin~~ir~~ – fin**i**
-re verbs   attend~~re~~ – attend**u**

Past participles of irregular verbs
These need to be learned by heart:

infinitive	past participle
avoir (to have)	**eu**
boire (to drink)	**bu**
écrire (to write)	**écrit**
faire (to make/do)	**fait**
prendre (to take)	**pris**
voir (to see)	**vu**
vouloir (to want)	**voulu**

The perfect tense with être
A few verbs form their perfect tense with **être**. These are mainly verbs of movement, such as **entrer**, *to go in* and **monter**, *to go up*.

je **suis allé**   I have gone, I went
il **est resté**   he has stayed, he stayed

Here are the main ones:

infinitive	je suis + past participle
aller (to go)	je suis **allé(e)**
venir (to come)	je suis **venu(e)**
arriver (to arrive)	je suis **arrivé(e)**
partir (to leave)	je suis **parti(e)**
entrer (to go in)	je suis **entré(e)**
sortir (to go out)	je suis **sorti(e)**
naître (to be born)	je suis **né(e)**
rester (to stay/remain)	je suis **resté(e)**
tomber (to fall)	je suis **tombé(e)**
monter (to go up)	je suis **monté(e)**

When verbs form the perfect with **être**, the past participle has to agree with the subject of the sentence – the person or thing doing the action:

- add **-e** for feminine singular
  elle est allé**e**   *she went*
- add **-s** for masculine or mixed plural
  nous sommes allé**s**   *we went*
- add **-es** for feminine plural
  elles sont allé**es**   *they went*

Reflexive verbs in the perfect
All reflexives use the auxiliary **être** in the perfect tense. Most of the time the past participle agrees:

Hier, ma sœur s'est réveillé**e** à huit heures.
Yesterday my sister woke up at 8 o'clock.

But note the exception of **se casser**:
Marie **s'est cassé** la jambe.   *Marie broke her leg.*

The perfect tense in the negative
The **ne … pas** forms a sandwich round the auxiliary (**avoir** or **être**).

J'ai visité la cathédrale. → Je **n'ai pas** visité la cathédrale.
Je suis allée en ville. → Je **ne suis pas** allée en ville.

3.13 The imperfect tense

The imperfect tense is used to describe things in the past or to give an opinion about them.

Il y avait beaucoup de monde au concert.
There were *a lot of people at the concert.*
Hier, j'ai travaillé au centre sportif. **C'était** fatigant.
*Yesterday I worked at the sports centre. It **was** tiring.*

It is also used for things which happened regularly. In this context, it is often translated with *used to*.

Pendant mon stage, je **répondais** au téléphone.
During my work placement, I used to answer the phone.

The imperfect is formed using the **nous** form of the present tense without the **-ons** ending. To this stem the following endings are added:

je travaill**ais**	nous travaill**ions**
tu travaill**ais**	vous travaill**iez**
il/elle/on travaill**ait**	ils/elles travaill**aient**

The only verb with an irregular stem is **être**: **ét-**

j'**ét**ais, tu **ét**ais, il/elle/on **ét**ait,
nous **ét**ions, vous **ét**iez, ils/elles **ét**aient

3.14 Deciding on the correct past tense

When talking about the past, it is important to use the correct past tense.

The *perfect tense* is used for single or completed events.

J'**ai fait** un stage.   *I did a work placement.*
Un après-midi, **je suis allé(e)** au service marketing.
One afternoon I went to marketing.

The imperfect tense is used for things that you did regularly and for descriptions.

Je **répondais** au téléphone.
I used to answer the telephone.
J'**étais** fatigué(e).   *I was tired.*

3.15 The conditional

Forms like **je voudrais** and **vous voudriez** are in the conditional. You use the conditional in polite conversation and in writing formal letters. **vouloir** is often used in the conditional. It can be followed by a noun or by the infinitive of another verb.

Nous **voudrions une chambre** avec douche.
We'd like a room with a shower.
Je **voudrais nager** dans la piscine.
I'd like to swim in the pool.

je voudrais – I would like
tu voudrais – you would like
il/elle voudrait – he/she would like
nous voudrions – we would like
vous voudriez – you would like
ils/elles voudraient – they would like

J'aimerais also means *I would like* and is followed by an infinitive.

J'aimerais travailler en France.   *I would like to work in France.*

SECTION 4
Structural features

4.1 Prepositions

Prepositions are words which tell us **where** someone or something is.

dans	*in*
devant	*in front of*
derrière	*behind*
sur	*on*
sous	*under*
à	*at, to* or *in* (with name of town)
en	*to* or *in* (with name of country)
à côté de	*next to*
près de	*near*
en face de	*opposite*
à gauche	*on the left*
à droite	*on the right*
chez	*at (at the home/office of)*

In/at/to places
When you want to say *in* or *to* with the name of a town or country, use:
* **à** before the name of a town
    Elle habite **à** Paris.
* **en** before the name of most countries
    Il va **en** France.
* **au/aux** before the name of masculine countries
    J'habite **au** Canada. Je vais aller aux États-Unis.

de
Some prepositions are followed by **de**.
à coté **de** *next to*   près **de** *near*   en face **de** *opposite*

de + le → du; de + les → des
en face **du** guichet   *opposite the ticket office*
près **des** magasins   *near the shops*

After expressions of quantity, you always use **de**:
un kilo **de** pommes   *a kilo of apples*
une bouteille **de** coca   *a bottle of cola*

After the negative **du/de la/de l'/des** become **de** or **d'**.
Je n'ai pas **de** fourchette.   *I have no fork.*
Il n'y a pas **d'**ail dans ce plat.   *There is no garlic in this meal.*

The verb **faire** is followed by **de** when you are talking about doing certain types of sport.

Je **fais du** canoë. (**de + le**) *I go canoeing.*
Je **fais de la** natation.   *I go swimming.*
Je **fais de l'**escalade.   *I go climbing.*

à

à means *to* or *at*.
Pour aller à la gare? *How do I get to the station?*

à + le → au; **à + les → aux**
Je suis **au** cinéma.   *I am **at the** cinema.*
Il va **aux toilettes**.   *He goes **to the** toilet.*

The verb **jouer** is followed by **à** when you are talking about playing a sport or game.

Je **joue au** volley. (**à + le**)   *I play volleyball.*
Je **joue à l'**ordinateur.   *I play on the computer.*
Je **joue aux** jeux vidéo. (**à + les**) *I play video games.*

4.2 Intensifiers

Intensifiers are words placed before adjectives to make them stronger or weaker.

très	*very*
assez	*quite*
un peu	*a bit*
trop	*too*
vraiment	*really*
extrêmement	*extremely*

Je trouve le travail **très** intéressant.
I find the job very interesting.

4.3 Connectives

Connectives are used to join up phrases and sentences.

et	*and*
mais	*but*
parce que	*because*
car	*because*
pour	*because*
puis	*then*
quand	*when*
si	*if*
alors	*so*
ou	*or*
donc	*so, therefore*
qui	*who, which*
où	*where*
pourtant	*however*
puisque	*as, since*

Pour is followed by the infinitive.

Elle va au centre sportif **pour jouer** au badminton.
She goes to the sports centre to play badminton.

4.4 *Depuis*

depuis is used to say how long something has been happening. It is used with the present tense.

J'**apprends** le français **depuis** cinq ans.
I ***have been learning*** French **for** *five years.*

4.5 *Il faut*

Il faut means *it is necessary to*, *you must*. It is followed by the infinitive.

Il faut utiliser les douches.
You must use the showers.

4.6 The pronoun *y*

The pronoun **y** means *there* and is used instead of **à** + a noun. It goes in front of the verb.

On va à Paris demain.   *We're going to Paris tomorrow.*
On **y** va demain.   *We're going **there** tomorrow.*

Je shortens to **j'** in front of **y**.

J'y vais en avion.   *I'm going there by plane.*

SECTION 5   Extras

5.1 The alphabet

Here is a rough guide to how the letters of the alphabet sound when spelling in French:

A	AH	K	KAH	U	OO
B	BAY	L	ELL	V	VAY
C	SAY	M	EM	W	DOOBL-VAY
D	DAY	N	EN	X	EEX
E	EUH	O	OH	Y	EE-GREK
F	EFF	P	PAY	Z	ZED
G	DJAY	Q	COO	É	EUH accent aigu
H	ASH	R	ERR	È	EUH accent grave
I	EE	S	ESS	Ê	EUH accent circonflexe
J	GEE	T	TAY	Ç	SAY cédille

5.2 Numbers

1	un	11	onze	30	trente
2	deux	12	douze	40	quarante
3	trois	13	treize	50	cinquante
4	quatre	14	quatorze	60	soixante
5	cinq	15	quinze	70	soixante-dix
6	six	16	seize	71	soixante et onze
7	sept	17	dix-sept	72	soixante-douze
8	huit	18	dix-huit	80	quatre-vingts
9	neuf	19	dix-neuf	81	quatre-vingt-un
10	dix	20	vingt	82	quatre-vingt-deux
		21	vingt et un	90	quatre-vingt-dix
		22	vingt-deux	91	quatre-vingt-onze
				92	quatre-vingt-douze

100	cent
101	cent un
200	deux cents
1.000	mille
2.000	deux mille

5.3 Days

In French, days of the week and months do not begin with a capital letter.

lundi	*Monday*	vendredi	*Friday*
mardi	*Tuesday*	samedi	*Saturday*
mercredi	*Wednesday*	dimanche	*Sunday*
jeudi	*Thursday*		

lundi   **on** *Monday*
le lundi/tous les lundis   *every Monday, on Mondays*
lundi matin/après-midi/soir   *on Monday morning/afternoon/evening*

5.4 Dates

janvier	January	juillet	July
février	February	août	August
mars	March	septembre	September
avril	April	octobre	October
mai	May	novembre	November
juin	June	décembre	December

le 12 février   *on the 12th of February*
On va en France **le 3 août**.   *We are going to France on the 3rd of August*.
le premier mai   *the 1st of May*

5.5 Times

sept **heures**	*seven **o'clock***
sept heures **dix**	***ten past** seven*
sept heures **et quart**	***quarter past** seven*
sept heures et **demie**	***half past** seven*
sept heures **quarante-cinq**	*seven **forty-five***
huit heures **moins le quart**	***quarter to** eight*
midi/minuit	*12 midday/midnight*

The 24-hour clock is used much more frequently in French than it is in English:

neuf heures et quart	*9.15 a.m.*
vingt et une heures quinze	*9.15 p.m.*
vingt heures quarante-cinq	*8.45 p.m.*

Quelle heure est-il?	*What time is it?*
Il est neuf heures.	***It's** nine o'clock.*
à dix heures	***at** ten o'clock*

VERB TABLES

Regular verbs

-er verbs		-ir verbs	-re verbs
jouer	**to play**	**finir** *(to finish)*	**attendre** *(to wait for)*
je jou**e**	*I play*	je fin**is**	j'attend**s**
tu jou**es**	*you play*	tu fin**is**	tu attend**s**
il/elle/on jou**e**	*he/she/one plays*	il/elle/on fin**it**	il/elle/on attend
nous jou**ons**	*we play*	nous fin**issons**	nous attend**ons**
vous jou**ez**	*you play*	vous fin**issez**	vous attend**ez**
ils/elles jou**ent**	*they play*	ils/elles fin**issent**	ils/elles attend**ent**
Perfect: j'ai jou**é**		*Perfect:* j'ai fin**i**	*Perfect:* j'ai attend**u**

Reflexive verbs
se reposer *(to rest)*
je **me** repos**e**
tu **te** repos**es**
il/elle/on **se** repos**e**
nous **nous** repos**ons**
vous **vous** repos**ez**
ils/elles **se** repos**ent**
Perfect: je **me** suis repos**é(e)**

Key irregular verbs

aller *(to go)*	avoir *(to have)*	être *(to be)*	faire *(to do/make)*
je vais	j'ai	je suis	je fais
tu vas	tu as	tu es	tu fais
il/elle/on va	il/elle/on a	il/elle/on est	il/elle/on fait
nous allons	nous avons	nous sommes	nous faisons
vous allez	vous avez	vous êtes	vous faites
ils/elles vont	ils/elles ont	ils/elles sont	ils/elles font
Perfect: je suis allé(e)	*Perfect:* j'ai eu	*Perfect:* j'ai été	*Perfect:* j'ai fait
pouvoir *(to be able to)*	**vouloir** *(to want to)*	**boire** *(to drink)*	**prendre** *(to take)*
je peux	je veux	je bois	je prends
tu peux	tu veux	tu bois	tu prends
il/elle/on peut	il/elle/on veut	il/elle/on boit	il/elle/on prend
nous pouvons	nous voulons	nous buvons	nous prenons
vous pouvez	vous voulez	vous buvez	vous prenez
ils/elles peuvent	ils/elles veulent	ils/elles boivent	ils/elles prennent
Perfect: j'ai pu	*Perfect:* j'ai voulu	*Perfect:* j'ai bu	*Perfect:* j'ai pris
devoir *(to have to)*	**voir** *(to see)*	**lire** *(to read)*	**dire** *(to say)*
je dois	je vois	je lis	je dis
tu dois	tu vois	tu lis	tu dis
il/elle/on doit	il/elle/on voit	il/elle/on lit	il/elle/on dit
nous devons	nous voyons	nous lisons	nous disons
vous devez	vous voyez	vous lisez	vous dites
ils/elles doivent	ils/elles voient	ils/elles lisent	ils/elles disent
Perfect: j'ai dû	*Perfect:* j'ai vu	*Perfect:* j'ai lu	*Perfect:* j'ai dit

Vocabulaire français-anglais

A

à bord	on board
à côté	beside, next to
(Jean) à l'appareil	(Jean) speaking (on the phone)
l' abri pique-nique (m)	picnic shelter
le/la accompagnateur/euse	guide
accueillir	to welcome
actuel(le)	current
actuellement	currently
adapté(e)	suitable
l' addition (f)	bill
l' admission (simple) (f)	(single) admission
adorer	to love
l' affiche (f)	poster
affreux/euse	awful
âgé de (trois) ans à (huit) ans	aged from (three) to (eight) years old
l' agence de voyages (f)	travel agency
l' agenda (m)	diary
l' agilité canine (f)	canine agility
aider	to help
l' ail (m)	garlic
aimable	likeable
j' aimerais	I would like
l' Allemagne (f)	Germany
(l') allemand	German
un aller simple	single
un aller-retour	return
alors	so, then
amusant(e)	funny
s' amuser	to enjoy oneself
un(e) animateur/trice	entertainer
l' animation (f)	entertainment
l' anniversaire (m)	birthday
une annonce	announcement, advert
l' appareil photo numérique (m)	digital camera
l' appartement (m)	flat
l' appel (m)	call
apporter	to bring
apprendre	to learn
l' apprentissage (m)	apprenticeship
après	afterwards
dans l' après-midi	in the afternoon
argent	silver
en argent	(made of) silver
l' arrivée (f)	arrival
l' ascenseur (m)	lift
s' asseoir	to sit down
assez	fairly, quite
assister à	take part in
assurer la sécurité	to ensure safety
attacher les ceintures	to fasten safety belts
attendre	to wait
les attractions à sensations fortes (f)	exciting rides
les attractions aquatiques (f)	water rides
les attractions familiales (f)	family rides
au bord du lac/de la mer	by the lake/the sea
l' auberge de jeunesse (f)	youth hostel
l' autocollant (m)	sticker
autour du monde	around the world
autre	other
autre chose	anything else
l' Autriche (f)	Austria
l' avenir (m)	future
en avion	by plane
avoir besoin de	to need
avoir envie de faire quelque chose	to feel like doing something
avoir lieu	to take place

B

se baigner	to swim, bathe
le bain de neige	snow bathing
le bal	dance, ball
la balle de golf	golf ball
le ballon de football	football
le banc	bench
bancale	wobbly
barbant(e)	boring
la barbe	beard
la base nautique	aquatic centre
le bassin d'aquagym	aqua gym pool
en bateau	by boat
le/la batteur	drummer
bavard(e)	chatty, talkative
le bébé	baby
la Belgique	Belgium
bête	silly
la bibliothèque	library
le bic	pen
bienvenue	welcome
la bière blonde (à la pression)	(draught) lager
le bifteck	steak
la blessure	injury
le bloc-notes	notepad
le bœuf bourguignon	beef casserole
le bois	wood
les boissons (f)	drinks
la boîte de nuit	night club
le boîtier	case
le bonhomme	snowman
de bonne heure	early
le bonnet	bathing cap
la bouteille d'(eau minérale)	bottle of (mineral water)
la boxe	boxing
le bras	arm
brodé(e)	embroidered
le bureau de change	exchange
le bureau des objets trouvés	lost property office

C

Ça fait (250 livres).	That's (£250).
le cadeau	present
la caisse	till/desk

le/la caissier/ère	cashier, till operator
le caméscope	camcorder
à la campagne	in the countryside
le camping	campsite
la cantine	canteen
en car	by coach
la caravane	caravan
la carte	map, menu
la carte bancaire	bank card
la carte d'abonnement (annuelle/mensuelle)	(annual/monthly) season ticket
la carte d'embarquement	boarding card
la carte de crédit	credit card
la cartographie	map-making, cartography
la casquette	cap
le casse-croûte	snack, light lunch
la caution	deposit
célibataire	single
cent	hundred
le centre commercial	shopping centre
le centre équestre	horse-riding centre
cependant	however
c'est-à-dire	that's to say
C'est combien?	How much is that?
C'est de la part de qui?	Who is calling?
la chaise de conférences	conference chair
la chambre	room
les champignons (sauvages) (m)	(wild) mushrooms
le changement	change
chanter	to sing
le/la chanteur/euse	singer
le chapeau	hat
chaque	each
le château	castle
le chauffage	heating
le chauffe-biberon	bottle-heating facility
les chaussures (de sport) (f)	(sports) shoes
le chef	boss
le chef de cuisine	chef
le/la chef de cabine	chief air steward/ stewardess
le chèque de voyage	traveller's cheque
cher/chère	expensive, dear
chercher	to look for
le chevalet de conférences	flipchart
la cheville	ankle
choisir	to choose
chouette	great
ci-joint	enclosed
le cintre	clothes hanger
(bleu) clair	light (blue)
le clavier	keyboard
la clef	key
le/la client(e)	customer
cliquer (sur les icônes)	to click (on the icons)
le coca	cola
le cocktail de crevettes	prawn cocktail
le coeur	heart
le coin repas	eating area
le coin salon	living area
le collègue	colleague
la colonie de vacances	holiday camp
combien de … ?	how many … ?

(pendant) combien de temps?	(for) how long?
combiner	to combine
le commandant de bord	captain
commander	to order
les commandes par téléphone (f)	telephone orders
comme	(such) as
comme d'habitude	as usual
c'était comment?	how was it?
le commissariat	police station
la compagnie (aérienne)	(airline) company
complet(-ète)	full
comprendre	to consist of
compris(e)	included
le compte	account
concevoir	to devise
le concours	competition
confirmer	to confirm
la confiture	jam
(bonnes) connaisances	(good) knowledge
connu(e)	known
conseiller	to advise
les conseils (médicaux/ sanitaires) (m)	(medical/health) advice
les consignes de sécurité (f)	safety instructions
construire	to build
le contact avec les clients	contact with customers
continuer mes études	to continue my studies
Continuez tout droit.	Keep going straight on.
contre	against
la conversation (téléphonique)	(phone) conversation
cool	relaxed
le/la copain/ine	friend
corriger	to correct
sur la côte	on the coast
en coton (brossé)	(brushed) cotton
le cours	lesson, class
courant(e)	fluent
le courrier électronique	e-mail
la course	race
le couteau	knife
coûter	to cost
les crudités (f)	raw vegetable salad
la cuillère	spoon
en cuir	(made of) leather
une cuisine équipée	well-equipped kitchen

D

d'abord	first
d'affilée	at a stretch, in a row
d'urgence	now, immediately
en daim	(made of) suede
dans l'informatique/ avec un ordinateur	with computers
le date de naissance	date of birth
de plus	and, what's more
de taille moyenne	average height/size
les déchets (m)	rubbish
le décollage	take-off
la découverte	discovery
découvrir	to discover
décrire	to describe
dedans	inside

la défaillance	weakness
le défaite	defeat
Défense de (courir)	No (running)
le défilé	parade/procession
la dégustation	tasting
dehors	outdoors, outside
les demandes d'emploi (f)	job seekers
demi-pension/ pension complète	half-board/full board
le dépliant	leaflet
depuis (deux semaines)	for (two weeks)
dernier/ère	last
dès (que)	as soon as
Vous désirez?	What would you like?
Je suis désolé(e).	I am sorry.
à destination de (Paris)	(going) to (Paris)
destiné(e) à	aimed at, suitable for
devenir	to become
deviner	to guess
discuter	to discuss
le distributeur automatique	vending machine
le distributeur d'argent	cash dispenser
divorcé(e)	divorced
donc	of which
donner	to give
le dos	back
avec douche	with a shower
se doucher	to have a shower
à droite	on the right
drôle	funny
dur(e)	hard
la durée	duration, length (time)
durer	to last

E

à l' écart	in the corner
l' échauffement (m)	warm-up
l' éclairage (m)	lighting
économiser	to save
l' Écosse (f)	Scotland
écouter de la musique	to listen to music
les écouteurs (m)	headphones
l' écran (m)	monitor, screen
écrire un courrier électronique	to write an e-mail
l' écrivain (m)	writer
l' édito (m)	editorial
les effets personnels (m)	belongings
l' embarquement (m)	boarding
embarquer	to board
l' emplacement (m)	site, position
l' emploi (m)	job
l' employé (m)	employee
en face	opposite
J' en fais …	I do it …
en particulier	in particular
en plus	in addition
en rapport avec	in keeping with
les enfants (m)	children
enfermer	to lock away
enneigé(e)	snowy
ennuyeux/euse	boring

enregistrer	to record
enseigner	to teach
ensemble	together
ensuite	then
entier/ère	whole
l' entraînement (m)	training
l' entraîneur (de football) (m)	(football) trainer
entre	between
l' entrée (f)	starter, entrance (ticket)
l' entretien (m)	interview
environ	about
les environs (m)	area
l' envoi (m)	sending
envoyer	to send
l' épaule (f)	shoulder
l' EPS (f)	PE
l' équipage (m)	team
l' équipe (f)	team
l' équipement (sportif) (m)	(sports) facilities
l' équitation (f)	horse-riding
l' espace (non-)fumeurs (m)	(no-)smoking area
l' Espagne (f)	Spain
l' espagnol (m)	Spanish
les espèces (f)	cash
espérer	to hope
au (premier) étage	on the (first) floor
éteint(e)	switched off
à l' étranger	abroad
étranger/ère	foreign
l' étudiant(e) (m/f)	student
(avec) eux	(with) them
l' événement (m)	event
éviter	to avoid
l' excursion (f)	excursion, trip
les excursions accompagnées (f)	guided tour
exempter	to exclude, to exempt
l' exposition (f)	exhibition
extra	great

F

à la fac	at university
facile	easy
la facture	invoice
faible	bad, weak
faire un apprentissage	to do an apprenticeship
faire la cuisine	to cook
faire froid	to be cold
faire du soleil	to be sunny
en faisant	while
fait(e) à la ferme	made on the farm
fatigant(e)	tiring
le fauteuil roulant	wheelchair
favori(te)	favourite
le fax	fax machine
par fax	by fax
la femme de chambre	chambermaid
fermer à clef	to lock
la fermeture	closing
la fête	carnival, festival, party
la fête foraine	funfair
le feu d'artifice	fireworks
fier/fière	proud
le fleuve	river
le foie (de canard)	(duck) liver

Vocabulaire

(bleu) foncé	dark (blue)
la forêt	forest
la formation	training
en forme	fit
fort(e)	good, strong
fortifié(e)	fortified
le four à micro-ondes	microwave
la fourchette	fork
francophone	Francophone, French-speaking
le frère	brother
les frites (f)	chips
la frontière (espagnole)	(Spanish) border
les fruits de mer (m)	seafood
fumer	to smoke
fumeurs/non-fumeurs	smoking/non-smoking

G

gagner	to earn, to win
la gamme	range
garantir	to guarantee
le gardien de but	goal keeper
la gare (routière/SNCF)	(bus/train) station
à gauche	on the left
géant(e)	giant
génial(e)	great
le genou	knee
gentil(le)	nice
gérer	to manage
le gilet de sauvetage	lifejacket
le gîte	cottage
gonflable	inflatable
goûter	to taste
gratifiant(e)	gratifying, rewarding
gratuit(e)	free
graver un CD	to burn a CD
le graveur de CD	CD burner
la Grèce	Greece
le guichet	ticket office
le guide touristique	tour guide

H

s' habiller	to get dressed
l' habitude (f)	habit, routine
haut(e)	high, tall
l' haut-parleur (m)	loudspeaker
la haute cuisine	gastronomy
l' hébergement (f)	accommodation
n' hésitez pas	don't hesitate
l' heure du départ/d'arrivée (f)	departure/arrival time
(huit) heures	(eight) o'clock
les heures de travail (f)	working hours
les heures d'ouverture (f)	opening hours
heureux/euse	happy
l' horaire (m)	timetable
les horaires de travail (m)	working hours
l' hôtesse de l'air (f)	air hostess

I

idiot(e)	crazy, idiotic
Il faut …	You have to …
Il faut payer à la caisse	Pay at the till/desk
Il n'y a que …	There are only …
Il va y avoir…	There is going to be…
l' île (f)	island

immatriculé(e)	with the number plate
impressionnant(e)	impressive
l' imprimante (f)	printer
imprimer	to print
l' informatique (f)	ICT, computing
inoubliable	unforgettable
intelligent(e)	intelligent
J'ai l' intention de …	I intend to …
interdit	forbidden
intéressant(e)	interesting
l' internaute (m)	web surfer
les interphones (m)	intercom

J

la jambe	leg
le jardin public	park
je regrette	I'm sorry
Je suis allergique.	I am allergic.
Je vous en prie.	Don't mention it
Je vous le passe.	I'll put you through to him.
jeter	to throw
les jeunes (m/f)	young people
un job (d'été)	(summer) job
jouer de la guitare	to play guitar
le joueur	player
le jour de congé	day off
le jour du départ	day of departure
le journal	diary
la journée	day
jusqu'à	as far as, to

K

le kiosque à journaux	newspaper kiosk

L

là-bas	over there
de lainage	wool
en laine	(made of) wool
tenu(e) en laisse	on a lead
laisser	to leave
se laver les mains	to wash one's hands
la laverie	laundry
le lave-vaisselle	dishwasher
le lecteur DVD	DVD player
la lecture	reading
la lettre de candidature	application letter
libéré(e)	vacated
le lieu de naissance	place of birth
la Ligue 1	the first division
la liste des prix	price list
la livraison	delivery
la location (de VTT)	(mountain bike) hire
le logement	accommodation
loger	to stay (the night)
(assez) loin	(quite) far
les loisirs (m)	hobbies
louer	to rent
au lycée	at college

M

le magasin de souvenirs	souvenir shop
maigrir	to lose weight
le maillot de bain	swimming costume
la main	hand
la mairie	town hall

le maître nageur	lifeguard
mal (payé)	badly (paid)
J'ai le mal de l'air/de mer.	I get airsick/seasick.
malgache	Madagascan
Malheureusement non.	I'm afraid not.
ne manquez pas	don't miss
le manteau	coat
le marché	market
marcher	to work, to operate
se marier	to get married
la marque	model (car)
les masques à oxygène (m)	oxygen masks
le match	match
le matériau	material
les matières (f)	school subjects
les matières grasses (f)	fatty food
le matin	in the morning
mauvais(e)	bad
méchant(e)	nasty
médiéval(e)	medieval
meilleur(e)	best
la mémoire	memory
la messagerie	text messaging
la météo	weather forecast
le métier	job
le micro-onde	microwave oven
le milieu	environment
le modèle	model (car)
le modem intégré	built-in modem
moins	less
au moins	at least
le/la moniteur/trice	child carer, activity leader (for children)
la monnaie	currency
monotone	boring
à la montagne	in the mountains
les montagnes russes (f)	roller coasters
la montgolfière	hot-air ballooning
la montre	watch
le morceau	piece
les motifs de flocons (m)	snowflake motifs/patterns
les moules (f)	mussels
moyen(ne)	average
les moyens d'alerte (m)	alarm systems
la musculation	workout, weight-training
le/la musicien(ne)	musician
la musique populaire	pop music

N

la natation (synchronisée)	(synchronised) swimming
la navette	shuttle
(la douche) ne marche pas	(the shower) doesn't work
Ne quittez pas.	Hang on.
(je suis) né(e)	(I was) born
neuf(-ve)	new
le nom	family name
au nom de	in the name of
(dans le) nord	(in the) north
normalement	usually, normally
nuageux	cloudy
nul	no good
le numéro de téléphone	phone number

O

les objets trouvés (m)	lost property
obligatoire	compulsory
(d') occasion	second hand
s'en occuper	to look into it, to deal with it
offert en	available in
l' offre spéciale (f)	special offer
les offres d'emploi (m)	job adverts
on peut	one can
en or	(made of) gold
l' ordinateur (m)	computer
l' ordinateur portable (m)	laptop
l' organisateur (m)	organiser
oublier	to forget
ouvert(e)	open
l' ouverture	opening

P

le panier	basket
le panneau	sign
par personne/nuit/semaine	per person/night/week
le parapente	paragliding
le parc (animalier/d'attractions)	(zoo/theme) park
parce que	because
paresseux/euse	lazy
parfait(e)	perfect
parfois	sometimes
le parfum	perfume
une partie (de la somme)	a part (of the amount)
pas mal	not bad
passer	to spend (time)
se passer	to take place
passer mon bac	to do my A levels
passer une commande	to place an order
passer mes examens	to take my exams
passionnant(e)	fantastic, great
le patin à glace/patinage	ice skating
la patinoire	ice rink
les patins (m)	skates
la pause	break
le Pays de Galles	Wales
les pays francophones (m)	French-speaking countries
le paysage	countryside
les Pays-Bas (m)	Netherlands
pendant	during
pénétrer	to penetrate
la peinture	painting
la pension	small hotel, lodgings, B&B
la pension complète	full board
perdre	to lose
les personnes âgées (f)	elderly people, OAPs
la photocopieuse	photocopier
le/la pianiste	keyboard player, pianist
le pied	foot
la piscine (couverte)	(indoor) swimming pool
la piscine à vagues	wave pool
hors piste	off piste (ski slope)
sur piste	on ski slope
pittoresque	picturesque
à votre place	at your seat
sur place	on site
se plaindre	to complain
le plan	map
la planche à voile	windsurfing

la plaque d'immatriculation	number plate
en plastique	(made of) plastic
le plat principal	main course
le plateau de fromages	cheeseboard
les plats à emporter (m)	take-away meals
en plein air	outdoor(s), outside
plein(e) de vie	full of life
en pleine forme	very fit
la plongée	diving
la pluie	rain
plus tard	later
le poignet	wrist
les pommes vapeur (f)	steamed potatoes
le portable	mobile phone
la porte	gate, door
la porte d'entrée	entrance door
le portefeuille	wallet
le porte-monnaie	purse
porter	to wear
poser ma candidature	to apply (for a job)
la poste	post office
le poste	position, job
le poste de secours	first-aid post
le potage (au poulet)	(chicken) soup
la poubelle	rubbish bin
pour	in order to, for
pour combien de (personnes)?	for how many (people)?
pousser	to push
préféré(e)	favourite
prendre (un message)	to take (a message)
le prénom	first name
(tout) près	(very) near
presque	almost
prêt(e)	ready
prier de	to ask to
à prix fixe	fixed price
prochain(e)	next
les produits hors taxes (m)	duty free goods
les produits laitiers (m)	dairy products
j'en profite	I take advantage of it
proposer	to offer, to suggest
propre	own, clean
le pupitre orateur	lectern

Q

C'est quand …?	When is …?
À quelle heure?	At what time?
quelqu'un	someone
quelquefois	sometimes
Qu'est-ce qu'il y a …?	What is there …?
Qu'est-ce qui ne va pas?	What's wrong?
faire la queue	to queue
quitter le collège	to leave school

R

les rafraîchissements (m)	refreshments
les randonnées (f)	walks, hikes
rappeler	to call back, to remind
le/la rappeur	rapper
la raquette (de tennis)	(tennis) racquet
se raser	to shave
récemment	recently
à la réception	at reception

le/la réceptionniste	receptionist
recherché(e)	required, looked for
recommander	to recommend
la reconnaissance vocale	voice recognition
le reçu	receipt
(être) au régime	(to be) on a diet
la région	region, area
les règlements (m)	rules
se relaxer	to relax
rembourser	to reimburse
rencontrer	to meet
rénover	to renovate, to update
les renseignements (m)	information
rentrer	to come back
le répondeur automatique	answering machine
répondre au téléphone	to answer the phone
se reposer	to relax
le réseau	network
la restauration	refreshments, catering
rester (6 nuits)	to stay (6 nights)
rester en forme	to keep fit
le rétroprojecteur	overhead projector
en réunion	in a meeting
réussir mes examens	to pass my exams
se réveiller	to wake up
de mes rêves	of my dreams
la rive	bank (of river)
la rivière à contre-courant	flume
le riz	rice
le robinet	tap
romain(e)	Roman
le rosbif	roast beef
la roue d'observation	observation wheel
le Royaume-Uni	the United Kingdom

S

sableux/euse	sandy
sainement	healthily
la saison d'été	summer season
la salade composée	mixed salad
le salaire (mensuel)	(monthly) salary
sale	dirty
la salle d'attente	waiting room
avec salle de bains	with a bathroom
la salle d'informatique	computer room
la salle de musculation	gym
la salle de réunions	meeting room
sans	without
la santé	health
sauf	except
le saumon	salmon
le saut à l'élastique	bungee jumping
sauvage	wild
savoir	to know (a fact)
le savon	soap
le/la saxophoniste	saxophonist
par séance	(for a) session
la sécurité	safety
le séjour	visit, stay
selon (vous)	according to (you)/in (your) opinion
le/la serveur/euse	waiter/waitress
le service des bagages perdus	lost luggage service
service non compris	service not included

la serviette	towel
servir	to serve
seulement	only
sévère	serious
situé(e)	situated
le ski alpin	downhill, alpine skiing
le ski nautique	waterskiing
la soeur	sister
la soirée	evening
la somme	sum, amount
le sondage	survey
la sonnerie polyphonique	polyphonic ringtones
la sortie	exit
souhaitable	desirable
la soupe (à l'oignon)	(onion) soup
la souris	mouse
souvent	often
le spectacle	show
les sports de combat/ de raquette (m)	combat/racquet sports
les sports d'équipe/d'hiver (m)	team/winter sports
les sports individuels/ nautiques (m)	individual/water sports
le stade municipal	town stadium
le stage	work placement, course
la station de radio	radio station
le steward	air steward
stocké(e)	held, stored
il suffit de	you only need to
Suite à mon appel …	Further to my phone call …
suivant(e)	following
sur demande	on request
sur le plat	fried
surfer sur Internet	to surf the net
surtout	especially
la survie	survival
sympa(thique)	nice

T

le tabac	tobacco
la table de conférences	conference table
le tableau des départs	departures board
la tâche	task
(la course de) tacots	banger (racing)
(quelle) taille?	(what) size? (clothes)
taper	to type
le tapis de souris	mousemat
le tarif	price (list)
la tasse	cup
le taux d'échange	exchange rate
télécharger (des chansons)	to download (songs)
le téléphone cellulaire/portable	cell/mobile phone
le terrain de boules/football	boules/football pitch
le terrain de jeux (illuminé)	(floodlit) playing field
la terrasse (privée)	(private) patio
la Tamise	the River Thames
le thé (au citron)	(lemon) tea
le timbre	stamp
timide	shy
le tir à l'arc	archery
tirer	pull
les tissus (m)	textiles, materials

le toboggan aquatique	waterslide
tomber	to fall (over)
le ton	ringtone
la toque	chef's hat
toujours	always
le tournoi (sportif)	(sports) tournament
tous les (samedis/soirs)	every (Saturday/evening)
Tout ne va pas bien.	Everything isn't alright.
tout(e)	all
tout droit	straight on
en train	by train
le transfert	transfer
travailler à l'étranger	to work abroad
travailler comme …	to work as a …
travailleur/euse	hard-working
traverser	to cross
la trousse médicale	first-aid kit
se trouver	to be situated
trouver une réservation	to find a reservation
par le tunnel	through the Tunnel

U

utile	useful
utiliser	to use

V

varié(e)	varied
(être) végétarien(ne)	(to be a) vegetarian
vendre	to sell
venez	come
la vente	sale, selling
vérifier	to check
le verre	glass
vers	around, towards
la veste	jacket
les vestiaires (f)	changing rooms
veuillez trouver	please find
la viande (rôtie)	(roast) meat
le vidéoprojecteur	data projector
la vie	life
voici	here is
la voie	platform
voilà	there you are
la voile	sailing
en voiture	by car
la voiture de location	hire car
la voix	voice
le vol (123)	flight (123)
le vol retour	return flight
la volaille	poultry
le volant	shuttlecock
voler	to steal
Vous voudriez…?	Would you like…?
voyager	to travel
vraiment	really

W

les W.-C. (m)	toilets

Z

le zoo	zoo

Vocabulaire anglais-français

A

	about, around	environ
	abroad	à l'etranger
	afternoon	l'après-midi (m)
	airport	l'aéroport (m)
	allergic	allergique
I	am … years old.	J'ai … ans.
	ankle	la cheville
	Anything else?	Et avec ça?
	apple juice	le jus de pommes
I would like to	apply.	Je voudrais poser ma candidature.
	apprenticeship	l'apprentissage (m)
	area (of a country)	la région
	area (surroundings)	les environs (m)
	arm	le bras
	around (7 o'clock)	vers (7 heures)
to	arrive	arriver
	arrival	l'arrivée (f)
in	autumn	en automne
to	avoid	éviter
	awful	affreux/euse

B

to do	babysitting	faire du baby-sitting
	back	le dos
I'm	bad at …	Je suis (faible) en …
	badly paid	mal payé
	badminton	le badminton
(golf/tennis)	ball	la balle (de golf/de tennis)
	bank	la banque
	bar	le bar
	basketball	le basket(ball)
on the	beach	à la plage
	beard	la barbe
	beauty salon	un salon de beauté
	because	parce que
	beside (the lake)	au bord (du lac)
	between	entre
	big	grand(e)
The	bill (is wrong).	L'addition (f) n'est pas juste.
	black	noir(e)
	blue	bleu(e)
to	board	embarquer
	boarding	l'embarquement (m)
	boarding card	la carte d'embarquement
by	boat	en bateau
	boring	ennuyeux/euse, monotone, barbant(e)
	bottle (of olive oil)	la bouteille d'huile d'olive
	breakfast	le petit déjeuner
	brochure	la brochure
	broken	cassé(e)
	brown	marron
	bungee-jumping	le saut à l'élastique
to	burn a CD	graver un CD
to	buy	acheter

C

	campsite	le camping
	can (of tuna)	la boîte (de tuna)
one	can	on peut
	Can I have…?	Je peux avoir…?
	Can I …?/May I …?	Puis-je …?
I	can't	Je ne peux pas
to go/do	canoeing	faire du canoë
	cap	la casquette
	case	le boîtier
by	car	en voiture
	car park	le parking
	castle	le château
	cathedral	la cathédrale
	CD burner	le graveur de CD
	chalets	les chalets (m)
	chambermaid	la femme de chambre
	changing rooms	les vestiaires (f)
to	check	vérifier
I'm a	child carer	je suis moniteur/trice
to	choose	choisir
	church	l'église (f)
(swimming)	class	le cours (de natation)
In which	class?	En quelle classe?
	clean	propre
to	close	fermer
	closed	fermé(e)
by	coach	en car
	coat	le manteau
It is	cold. (weather)	Il fait froid.
at	college	au lycée
	combat sports	les sports de combat (m)
	competition	le concours
I'd like to	complain (about my stay).	Je voudrais me plaindre (de mon séjour).
	computer room	la salle d'informatique
with	computers	avec les ordinateurs (m)
	conference	la conférence
	conference (chairs)	(les chaises) de conférences
	conference room	la salle de conférences
	contact lenses	les lentilles de contact
to	continue (my studies)	continuer (mes études)
I'm a	cook	je suis chef de cuisine
to	correct	corriger
It	costs (2€).	Ça coûte (2€).
(made of)	cotton	en coton
in the	countryside	à la campagne
	credit card	la carte de crédit
	curly	frisé(e)
	currency	la monnaie
with	customers	avec les clients
to go/do	cycling	faire du vélo

D

to	dance	danser
	dark (blue)	(bleu) foncé
	data projector	le vidéoprojecteur
	day	la journée
	day off	le jour de congé
	delivery	la livraison
	departure	le départ
	departures board	le tableau des départs
	deposit	la caution
on a	diet	au régime
	difficult	difficile

	digital camera	l'appareil photo numérique (m)
	dinner	le dîner
	dirty	sale
	discount	la réduction
I	dislike	Je n'aime pas
You can …	do/go …	On peut faire …
to	do my A levels	passer mon bac
	… doesn't work	… ne marche pas
I	don't fancy it.	Ça ne me dit rien.
to	download (songs)	télécharger (des chansons)
(hot/cold)	drink	la boisson (chaude/froide)
	drummer	le/la batteur
	DVD player	le lecteur DVD

E

	e-mail	le courrier électronique, l'e-mail (m)
to	earn	gagner
	east	l'est
	easy	facile
	enclosed (with a letter)	ci-joint
	England	l'Angleterre (f)
to	enjoy	aimer bien
to	enjoy oneself	s'amuser
	entrance (fee)	l'entrée
	evening	le soir, la soirée
	event	l'événement (m)
	every day	tous les jours
	every Saturday	tous les samedis
	except	sauf
	exciting	à sensations fortes, impressionnant(e)
	exit	la sortie
	expensive	cher/chère
to have	experience	avoir de l'expérience (f)

F

	fall	tomber
to	fall	tomber
(quite)	far	(assez) loin
	fat	gros(se)
	fatty food	les matières grasses (f)
	favourite	préféré(e)
by	fax	par fax
	fax machine	le fax
to	feel like	avoir envie de
to	find out	trouver
	finish	finir
	fireworks	le feu d'artifice
	first-aid kit	la trousse médicale
	first class	première classe
	flat	l'appartement (m)
	flight	le vol
	flight number	le numéro de vol
	flipchart	le chevalet de conférences
on the (first)	floor	au (premier) étage
	fluent	courant(e)
It was	foggy	Il faisait du brouillard.
	foot	le pied
	football (game)	le foot
	football (item)	le ballon de foot
	for	pour
	for a week	pendant une semaine

	foreign	étranger/ère
	fork	la fourchette
	fortnight	quinze jours
I'm not	free.	Je ne suis pas libre.
	free (no charge)	gratuit(e)
	French	le français
	from (3 o'clock) to (5 o'clock)	de (trois heures) à (cinq heures)
	from … to …	du … au …
	funfair	la fête foraine
	funny, entertaining	amusant(e)
	funny	drôle
(in the)	future	d'avenir

G

	geography	la géographie
	German	l'allemand (m)
	Germany	l'Allemagne (f)
to	get married	se marier
to	get up	se lever
	glasses (drinking)	les verres (m)
	glasses (to wear)	les lunettes (f)
	Go ahead. (e.g. when taking someone's order)	Je vous écoute.
to	go to bed	se coucher
(made of)	gold	en or
I'm	good at …	Je suis fort(e) en …
	good idea	bonne idée
	great	chouette, super, génial, extra
	green	vert(e)
	green beans	les haricots verts (m)
	grey	gris(e)
to	guarantee	garantir
	gym	la salle de musculation
	gymnastics	la gymnastique

H

	hairdresser's	le salon de coiffure
	hand	la main
	Hang on.	Ne quittez pas.
	hard-working	travailleur/euse
to	have fun	s'amuser
to	have experience	avoir de l'expérience
	headphones	les écouteurs (m)
	heating	le chauffage
(Jean)	here	ici (Jean)
	high	haut(e)
to	hire	louer
	hire	la location
	history	l'histoire (f)
	holiday camp	la colonie de vacances
It is	hot. (weather)	Il fait chaud.
(for) an/per	hour	de l'heure
(for)	how long … ?	pendant combien de temps … ?
	how much … ?	combien … ?
	How much is … (that)?	C'est combien…?
to be	hurt	être blessé(e)

I

	ICT	l'informatique (f)
	ice hockey	le hockey sur glace
	ice rink	la patinoire
	ice-cream	la glace
	idiotic	idiot(e)

	impressive	impressionnant(e)
	in (Sussex)	dans (le Sussex)
	in order to	pour
	included	compris(e)
	individual sports	les sports individuels (m)
	industrial	industriel(le)
	information	des renseignements (m), des informations (f)
	information office	le bureau d'information
I'm an	instructor	je suis moniteur/trice
I	intend to	j'ai l'intention de …
	interesting	intéressant(e)
	Internet café	le café Internet, le cybercafé
	Is that all?	C'est tout?
	Is that ok?	Ça va?
	Is there… ?	Est-ce qu'il ya…, Y a t'il... ?

J

	jacket	la veste
	job (of)	le poste (de)

K

to	keep fit	être en forme
	key	la clef
	keyboard	le clavier
	keyboard player	le/la pianiste
	keyring	le porte-clefs
	kind	gentil(le), sympa(thique)
	kitchen	la cuisine
	knee	le genou
	knowledge of	connaissances en
to	know (fact)	savoir

L

	languages	les langues (f)
	laptop	l'ordinateur portable (m)
to	last	durer
	lazy	paresseux/euse
I	learned	j'ai appris
(made of)	leather	en cuir
to	leave (school)	quitter (le collège)
to	leave (from)	partir (de)
on the	left	à gauche
	leg	la jambe
	leisure centre	le centre de loisirs
	less	moins
	library	la bibliothèque
I'm a	lifeguard	je suis maître nageur
	lift	l'ascenseur (m)
	light (blue)	(bleu) clair
I	like	J'aime …
What is it	like?	Il/Elle est comment?
I'd	like to …	Je veux bien …
	likeable	aimable
	list (of accommodation)	la liste (des hébergements)
	little	petit(e)
	lively	dynamique
to	look for	chercher
I'll	look into it	je vais m'en occuper
to	lose weight	maigrir
I've	lost	j'ai perdu
	lost property	les objets trouvés (m)
I	love	j'adore
	low	bas/basse

M

	main course	le plat principal
	make (car)	le modèle, la marque
	map (of the area)	la carte (de la région)
	market	le marché
	maths	les maths (m)
	meal	le repas
	meat	la viande
	medium-sized	de taille moyenne
to	meet (friends)	rencontrer (des amis)
	member	le/la membre (m)
	menu	la carte
	microwave	le four à micro-ondes, le micro-onde
don't	miss	ne manquez pas
	mobile phone	le téléphone cellulaire, le portable
	morning	le matin
in the	mountains	à la montagne
	mouse	la souris
	mousemat	le tapis de souris
	muscular	musclé(e)
	museum	le musée
	mushrooms	les champignons (m)
	music	la musique
I'm a	musician	je suis musicien(ne)

N

My	name is …	Je m'appelle …
in the	name of (Luc Lefèvre)	au nom de (Luc Lefèvre)
	nasty	méchant(e)
(very)	near	(tout) près
to	need	avoir besoin de
the	Netherlands	les Pays-Bas (m)
	new	neuf/neuve
	next (week/year)	(la semaine/l'année) prochain(e)
	next to	à côté
It is	nice weather.	Il fait beau.
	night	la nuit
	no good, rubbish	nul
	non-smoking (area)	(l'espace) non-fumeurs
	north	le nord
	not bad	pas mal
	notepads	les blocs-notes (m)
	number plate (car)	la plaque d'immatriculation

O

	of course	bien sûr
to	offer, suggest	proposer
	office	le bureau
	often	souvent
	online	en ligne
	open	ouvert(e)
to	open	ouvrir
	opening times	les heures d'ouverture (f)
	opposite	en face
	orange juice	le jus d'orange
I'd like to	order …	Je voudrais commander …
to	order	commander, passer une commande
to	organise	organiser

	other	autre
	outdoor(s)	en plein air, dehors
	overhead projector	le rétroprojecteur

P

	park	le jardin public
to	pass my exams	réussir mes examens
	PE	l'EPS
	pens	des bics (m)
	pepper	la poivre
	per page	par la page
	perfect	parfait(e)
	perfume	le parfum
	photocopier	la photocopieuse
	photocopy	la photocopie
a	piece (of apple tart)	un morceau (de tarte aux pommes)
	pink	rose
It's a	pity.	C'est dommage.
I'd like to	place an order.	Je voudrais passer une commande.
by	plane	en avion
(made of)	plastic	en plastique
	platform	la voie
You can	play (football) …	On peut jouer (au foot) …
	play area, playing field	le terrain de jeux
	please	s'il vous plaît, veuillez (formal)
	police station	le commissariat
	post office	la poste
	postcard	la carte postale
steamed	potatoes	les pommes vapeur (f)
	practical	pratique
	prefer	préférer
	price (list)	le tarif, les tarifs
to	print	imprimer
	printer	l'imprimante (f)
	purple	violet(te)
	purse	le porte-monnaie
I'll	put you through (to him).	Je vous (le) passe.

Q

	quick	rapide

R

	race	la course
(tennis)	racquet	la racquette (de tennis)
	racquet sports	les sports de raquette (m)
	radio station	la station de radio
It is	raining.	Il pleut.
	rainy	pluvieux/euse
	rarely	rarement
	reading	la lecture
I'm a	receptionist	je suis réceptionniste
to	recommend	recommander
	red	rouge
I	regret	Je regrette
to	relax	se relaxer
I'd like to	reserve	je voudrais réserver
I	reserved	j'ai réservé
	restaurant	le restaurant
to	return	rentrer
to go/do	riding	faire de l'équitation

on the	right	à droite
	ringtone	la sonnerie
	rollercoasters	les montagnes russes (f)
(double)	room	une chambre (double)

S

to go/do	sailing	faire de la voile
(mixed)	salad	la salade (composée)
	salmon	le saumon
	salt	le sel
	salty	salé
	sandwich	le sandwich
to	save	économiser
	scarf	l'écharpe (m)
	science	les sciences (f)
	Scotland	l'Écosse (f)
	screen	l'écran (m)
	seafood	les fruits de mer (m)
	season ticket	l'abonnement (m)
	seat	la place
	second class	deuxième classe
to	send (a fax)	envoyer (un fax)
(for a)	session	par séance
	shop	le magasin
	shopping (opportunities)	le shopping
	shopping centre	le centre commercial
	short	court(e)
	shoulder	l'épaule (f)
	show	le spectacle
with a	shower	avec douche
	shuttlecock	le volant
	shy	timide
(made of)	silver	en argent
	singer	le/la chanteur/euse
	sit down	asseyez-vous
Which	size?	Quelle taille?
to	skate	patiner
	skates	les patins (m)
	skating	le patin à glace
	ski slope	la piste
	smoking	fumeurs
	snack bar	le buffet
It is	snowing.	Il neige.
	soap	le savon
	sometimes	quelquefois
I am	sorry …	Je regrette …
I'm	sorry	Je m'excuse/Je suis désolé(e)
	soup	le potage la soupe
	south	le sud
	Spain	l'Espagne (f)
	Spanish	l'espagnol (m)
(Jean)	speaking	(Jean) à l'appareil
I	spent (my holidays)	j'ai passé (mes vacances)
	spoon	la cuillère
	sport	le sport
	sports centre	le centre sportif
	sports hall	la salle de sport
in	spring	en printemps
	squash	le squash
	stadium	le stade
	staff	le personnel
to	start	commencer

	starter	l'entrée (f)
to	stay	loger
(bus/train)	station	la gare (routière/SNCF)
	straight (hair)	raide
continue	straight on	continuez tout droit
	strict	sévère
	students	les étudiants (m)
	stupid	bête
	subjects (school)	les matières (f)
(made of)	suede	en daim
	suitable	adapté
in	summer	en été
It was	sunny.	Il faisait du soleil.
to	surf the Internet	surfer sur Internet
to	swim	nager
	swimming	la natation
	swimming pool	la piscine

T

to	take my exams	passer mes examens
to	take a message	prendre un message
to	take part in	participer à, assister à
to	take photos	prendre des photos
to	take place	avoir lieu
	talkative	bavard(e)
	tap	le robinet
to	taste	goûter
	tea	le thé
	tea (with milk)	le thé (au lait)
in a	team	dans une/en équipe
	team sports	les sports d'équipe (m)
	technology	la technologie
	telephone number	le numéro de téléphone
	tennis courts	les courts de tennis (m)
	text messaging	la messagerie
	That's all.	C'est tout.
	then	puis
	There is …	Il y a …
	thin	mince
	third	troisième
(e-)	ticket	le billet (électronique)
(return)	ticket	un aller-retour
(single)	ticket	un aller simple
	ticket office	le guichet
three	times a week	trois fois par semaine
	timetable	l'horaire (m)
	tiring	fatigant(e)
	tobacco	le tabac
	today	aujourd'hui
with a	toilet	avec W.-C.
	toilets	les toilettes (f)
	too much (caffeine)	trop (de caféine)
	tour guide	le/la guide touristique
	tourist (adj.)	touristique
	tourist attractions	les animations (f)
	tourist information office	l'office de tourisme (m)
	tournament	le tournoi
	towels	les serviettes (f)
	town hall	la mairie
	town plan	le plan de la ville
by	train	en train
to	travel	voyager
	travel agency	l'agence de voyages (f)
	trip, excursion	l'excursion (f)

through the	Tunnel	par le tunnel
to	type	taper

U

at	university	à la fac
	until, as far as	jusqu'à
You can	use (the jacuzzi) …	On peut utiliser (le jacuzzi) …

V

	varied	varié(e)
to be a	vegetarian	être végétarien(ne)
	vending machine	le distributeur automatique
	video games	les jeux vidéo (m)

W

I'm a	waiter/waitress	je suis serveur/euse
	waiting room	la salle d'attente
	Wales	le Pays de Galles
	walks/hikes	les randonnées (f)
	wallet	le portefeuille
	watch	la montre
	water rides	les attractions aquatiques (f)
	water slides	les toboggans aquatiques (m)
	water sports	les sports nautiques (m)
one	week	une semaine
	well paid	bien payé
	west	l'ouest (m)
	what …?	quel …?
	What is it?	Qu'est-ce que c'est?
	What is there … ?	Qu'est-ce qu'il y a …?
	when … ?	quand … ?
	where … ?	où … ?
	white	blanc(he)
	why … ?	pourquoi … ?
to go/do	windsurfing	faire de la planche à voile
It is	windy	Il fait du vent
in	winter	en hiver
	winter sports	les sports d'hiver (m)
(made of)	wool	en laine
to	work as a …	travailler comme …
	work placement	le stage
	working conditions	les conditions de travail (f)
	working hours	les horaires de travail (m)
	workout	la musculation
I	would like	Je voudrais
	Would you like …?	Vous voudriez …?
	wrist	le poignet

Y

	yellow	jaune
	youth hostel	l'auberge de jeunesse (f)

Z

	zoo	le parc animalier

Les instructions

À deux.	In pairs.
C'est vrai ou faux?	True or false?
Change de rôle.	Change roles.
Change les mots (en rouge/soulignés).	Change the words (in red/underlined).
Choisis (la bonne lettre/les bonnes images).	Choose (the right letter/the right picture).
Complète les phrases.	Complete the sentences.
Copie et complète (la conversation/la grille) avec les bons verbes.	Copy and complete (the conversation/table) with the right verbs.
Corrige les erreurs.	Correct the mistakes.
Discute de (ces sports) avec ton/ta partenaire.	Discuss (these sports) with your partner.
Écoute (les dialogues/conversations).	Listen to (the dialogues/conversations).
Écoute et vérifie tes réponses.	Listen and check your answers.
Écris les réponses aux questions en français/anglais.	Write the answers to the questions in French/English.
Écris un e-mail/un mémorandum.	Write an e-mail/a memo.
Fais (une liste).	Make (a list).
Fais correspondre (les mots et les images/la question et la bonne réponse).	Match (the words and the pictures/the question and the right reply).
Finis les phrases correctement.	Finish the sentences correctly.
Invente (des détails/d'autres questions).	Invent (some details/other questions).
Jeu de rôle	Roleplay
Lis à haute voix.	Read aloud.
Lis et écoute.	Read and listen.
Lis (le texte/la conversation/les phrases).	Read (the text/conversation/sentences).
Mets les images dans le bon ordre.	Put the pictures in the right order.
Note (les détail/les réponses).	Write (the details/the answers).
Note-les dans la grille.	Write them in the grid.
Pose ces questions.	Ask these questions.
Prends des notes.	Take notes.
Prépare des dialogues/une conversation/d'autres conversations avec ton/ta partenaire.	Prepare dialogues/a conversation/other conversations with your partner.
Range les mots dans le bon ordre.	Arrange the words in the right order.
Réécoute.	Listen again.
Regarde …	Look at …
Relis (la conversation/le texte).	Re-read (the conversation/the text).
Remplis (la grille/les blancs).	Fill in (the grid/the gaps).
Réponds aux questions.	Answer the questions.
Ton/Ta partenaire doit deviner.	Your partner must guess.
Traduis ces phrases (en français).	Translate these sentences (into French).
Trouve (le bon mot) pour chaque image.	Find (the right word) for each picture.
Trouve les phrases (en français) dans le texte.	Find the phrases (in French) in the text.
Trouve l'image qui correspond à chaque phrase.	Find the picture which matches each sentence.
Utilise (les informations ici/les images/les images ci-dessous).	Use (the information/pictures/pictures below).
Utilise les mots dans les cases.	Use the words in the boxes.